INSPIRACIÓN
HISPANA

45

HISTORIAS
INSPIRADORAS

MUJERES LATINAS INMIGRANTES
QUE TE EMPODERAN E INSPIRAN

MARCELA ARENAS REYES, MBA

Editorial Güipil

Para otros materiales, visítanos en:
EditorialGuipil.com

Editorial *Güipil*

Editorial Güipil primera edición 2019
www.EditorialGuipil.com

Editora en Jefe: Rebeca Segebre
Diseño: Victor Aparicio / Vive360Media.com
ISBN-13: 978-1-7335328-1-5
ISBN-10: 1-7335328-1-1

Categoría: Crecimiento Personal / Autoayuda / Vida práctica / Inspiración
Category: Personal Growth / Self-Help / Practical Living / Inspiration

Dedicatoria

Dedicado a las miles de hispanas que salieron valientemente a lo desconocido para perseguir sus pasiones y realizar sus sueños con persistencia, sacrificio, disciplina, fortaleza y fe.

Agradecimientos

A cada una de estas 45 latinas inmigrantes por abrir su corazón y compartir sus historias a través del podcast «*Inspiración Hispana*», quienes se han convertido en una inspiración para aquella mujer emprendedora y trabajadora que está en camino a ser una hispana realizada.

Tabla de Contenidos

Introducción

Con los pies en la tierra y la mirada en el cielo, un día me propuse servir. Vinieron muchas ideas a mi mente, unas reales y tangibles, otras llenas de sueños y utopías. Pero me impulsé a empezar y el camino se fue haciendo al andar. Estoy frente a las páginas de este libro que contiene 45 historias que te quiero contar. Y aunque este es uno de los proyectos ya materializados, es mucho lo que falta por recorrer. Plasmo en el papel la historia de varias mujeres que, como miles y miles, han llegado a los Estados Unidos llenas de esperanza, confundidas entre sentimientos de nostalgia y con el horizonte de un mejor porvenir, ese que por una razón u otra no encontraron en su propio país.

Hay carga emotiva, sin duda. Pero inspiradora. Somos así. Mamás emprendedoras que decidieron trabajar de sus habilidades para estar cerca de sus hijos; economistas que se volvieron maquilladoras; comunicadoras certificadas en bienes raíces; viudas que se vinieron huyendo del dolor de haber perdido un compañero; pasteleras que hallaron entre la harina, el azúcar y el horno el motivo de su felicidad. Y así, tantas otras con historias que comenzaron en nada y hoy se cuentan con mucho.

Casi todas ellas concuerdan en algo: Hay que ponerle pasión a la vida, no dejar que nadie te arranque las posibilidades ni te baje el ánimo, rodearte de la gente correcta, reinventarte –si es necesario– y poner los planes en manos de Dios. No es una receta, son coincidencias de aquellas que sienten y aseguran han alcanzado su realización.

No juegan con el tiempo porque significaría perder dinero, sacrifican muchísimo para ver felices a los suyos (a los de aquí y a los que dejaron allá), y sonríen, a veces con lágrimas saladas, pero sonríen. Son mujeres que le echan ganas a la vida. Valientes.

Inspiración Hispana nació como una plataforma digital disponible en el formato de podcast, acompañada por la transcripción de cada conversación y su debida publicación promocional en los corredores virtuales de Hispana Realizada. Pero, tal y como han hecho las mujeres reales que leerás a continuación, migramos al papel y te presento esta colección de entrevistas compiladas en este testimonio impreso llamado libro; el primero del que esperamos que sean más.

Gracias por hacerte de este ejemplar. Tal vez te sientas identificada o quizá puedas ocupar algunas páginas de la próxima edición. Porque si de algo hay seguridad, es que la inspiración no viene dada por la fama que alcances ni por la cantidad de ceros de tu cuenta bancaria, sino por la gallardía de enfrentar y superar los obstáculos que propone la vida, una vez que tomas tus maletas, sellas tu pasaporte sin fecha de salida y decides volver a empezar. Sí se puede.

"La voluntad
debe estar en tu vida,
así como la decisión,
la disciplina, el compromiso
y la convicción.
Decir 'esto va a suceder'
y sucederá".

1- ADRIANA MAYA

Una mujer siempre es ganadora

Es una comunicadora social colombiana que desempeña múltiples tareas y para su alegría y tranquilidad, todo le ha venido saliendo bien. En las mañanas cuida de sus dos hijos pequeños, y mientras cocina el almuerzo, trabaja desde su oficina en casa, atiende a su amado esposo y se pule en el oficio de servir a Dios.

Adriana es empresaria, editora del periódico El Hispano en Florida, editora administrativa de la escuela Ñ School Music y también directora del ministerio internacional de Army of The Lord para ayudar a personas vulnerables en pobreza y necesidad. Sonríe siempre porque además siente que cumple con la misión que Dios le ha encomendado. Para muchas, un ejemplo a seguir.

La familia es lo primero

Teniendo ya 20 años en los Estados Unidos, rememora que cuando tomó la decisión de venirse por asuntos de seguridad, vio que empezaron a pasar los años y no ver a sus padres y a su hermano se convertía en un anhelo que cobraba demasiada fuerza, así que llegó un momento en que sentía abrazar a su mamá y el sentimiento se le iba entre los brazos.

Llegó a New Jersey con temperaturas que jamás había experimentado y aunque fue una fuerte experiencia, mantuvo claro su objetivo de reunirse de nuevo con su familia. "Así que me los traje. Primero llegó mi papá y luego de lograr el papeleo de asilo político vinieron mi mamá y mi hermano".

El mejor momento de su vida fue cuando supo que iba a ser madre. En su vida ha visto muchas veces la mano milagrosa de Dios y Bianca y Mateo son dos de ellos. "Pasaron 6 años de casada y no quedaba embarazada pero un día en mi iglesia hubo mucha oración por los vientres maternos y recibí mi bendición".

Dios es su motor

Para Adriana la voluntad es un poder de decisión, porque para ella el querer es un acto de fe y no habrá puerta que no se abra para lograrlo. "La voluntad debe estar en tu vida, así como la decisión, la disciplina, el compromiso y la convicción. Decir 'esto va a suceder' y sucederá".

Asegura que Dios es su respirar. "Si no fuera por Él no estaría donde estoy. Es el que hizo su trono en mi vida, en mi casa, en mi matrimonio, el que me da paz en la tempestad, es quien está en nuestras finanzas y empresas, Dios es todo. Si no fuera por el deseo tan grande que tengo de representarlo, no estaría hablando aquí".

Experiencias con enseñanzas

Es mucho lo que puede hacer una inmigrante dentro de los Estados Unidos. Y ayudar ha sido prioridad en la vida de esta colombiana, quien lidera Ñ School Music, la única escuela de música con raíces hispanas en la ciudad de West Palm Beach con 10 años de funcionamiento. Cuentan con la inspiración del reconocido pianista cristiano Samy Galí ya que quisieron fundar una escuela con un alto estándar de calidad y a un precio alcanzable para la comunidad hispana. Los resultados son visibles y positivos en niños y jóvenes talentosos.

Por su parte, su labor dentro del ministerio Army of The Lord, en el cual lleva ya 5 años, es ir a hospitales, buses, trenes, aeropuertos, cárceles, ancianatos y atender a niños vulnerables, creando un impacto en el territorio de West Palm Beach. "Dimos el primer paso internacional hacia Guatemala y actualmente patrocinamos a 106 niños que estaban en grave estado de desnutrición. En el año 2019 entraremos a Nicaragua y en 2020 llegaremos a África".

Estas dos labores las une a su rol de editora de El Hispano, periódico que tiene 16 años en circulación. Ha participado además en Azteca 48 en Palm Beach y también tuvo un programa de radio en mía 92.1 FM de Clear Channel. "Me encantan los medios. Ahora lo veo como la herramienta para mostrar lo bueno que hacen las personas y con un discurso cristocéntrico porque fue él quien cambió mi vida".

Expandir oportunidades

Pese a que ya ha cumplido parte de sus sueños, Adriana confiesa que el mayor logro para ella todavía no ha llegado, pues su gran sueño es "levantar ejército" en otros lados.

Aconseja a las hispanas a que entiendan que si están en esta nación es porque Dios así lo quiso. Que establezcan sus sueños entendiendo que todo es un proceso, por eso la paciencia debe ser parte de cada una. "A veces somos las primeras mercenarias de nuestros sueños porque no vemos las cosas de inmediato.

Te sugiero que escribas en un papel lo que es a corto, mediano y largo plazo. Cuando los sueños se van consolidando, pide a Dios entender qué hacer con eso, respetándote siempre".

"Somos luchadoras por naturaleza y resaltamos dondequiera que lleguemos. Ser latina me llena de orgullo".

2- ANDREINA PINTO

La sirena que triunfa en una piscina

Contener la respiración, avanzar, dar brazadas largas y agitar los pies con fuerza, además de engranar mente y corazón para triunfar, ha sido lo que ha movido la vida de Andreina Pinto hacia el éxito. La nadadora profesional venezolana muestra el lado humano de la mujer que sueña, lucha y logra sus metas en los Estados Unidos.

Es una sirena que ha colgado decenas de medallas en su cuello, pero también es estudiante de Nutrición y emprendedora de la moda femenina. Toda una caja de sorpresa, como solemos ser las mujeres.

Una atleta de renombre

Esta nadadora de la selección nacional de Venezuela, deporte que ha desarrollado por muchos años, ha representado a su país en tres juegos olímpicos. Desde pequeña la titularon como la Sirena de la Pileta. Recuerda que fue su hermana la que realmente comenzó en este mundo del nado profesional y era a ella la que ponían sobrenombres. "A mi comenzaron diciéndome 'Aquajunior' pero no me gustaba, y ya luego los periodistas me apodaron La sirena de Maracay, el cual me gusta más".

Siente una gran satisfacción porque la gente admira lo que hace, pero también siente algo de presión porque siempre esperan que haga las cosas bien. Por eso la motiva que los niños más pequeños la tomen como ejemplo y le digan: "quiero ser como tú".

De pasatiempo a estilo de vida

Andreina cree que la natación la encontró a ella a los 4 años de edad, aunque asegura que oficialmente se conocieron a los 15 años. Para esta medallista el deporte al principio era un pasatiempo, pero ya luego, cuando entró a sus primeros juegos olímpicos y entendió lo serio que era, se convirtió en su trabajo, en su estilo de vida.

Portar el estandarte venezolano en competencias internacionales, dice que será los logros inolvidables de por vida. "Ya al momento de escuchar las notas del himno nacional había una fiesta dentro de mí por sentir la satisfacción de decir: ¡Lo logramos! Me gusta que otros países sepan quiénes somos, que se enteren que en Venezuela hay talento".

No miente al decir que en cada competencia siente temor: Cuando no sentía miedo me preocupaba porque era una señal de que no estaba bien metida en la competencia o que estaba muy segura. Es un sentimiento que siempre combato pero debe estar ahí, porque me proporciona la adrenalina que necesito a la hora de competir.

Proyección de futuro

Para esta atleta venezolana la disciplina ha sido clave para llegar hasta donde ha logrado. Dice que el entrenador de sus primeros juegos olímpicos la enseñó a trabajar con las tres D: Disposición, disciplina y deseo. "Los conceptos aplican para todos los ámbitos de la vida, no solo para el deporte".

Destaca que fue cómodo perder el anonimato, porque para Andreina en el deporte los logros van llegando poco a poco. Pese a que realmente no se siente tan famosa, afirma que en función de los niños que se le acercan trata de dar lo mejor de sí misma, de hacer un lado el cansancio de los entrenamientos y sonreír para proyectar una buena imagen.

Más que nadadora, emprendedora

Además de ser una sirena, se ideó crear con su hermana su propia empresa. "La gente siempre pensó que cualquier emprendimiento que hiciéramos tendría que ver con deporte, pero realmente a mi hermana y a mí nos encanta la moda y andar arregladas. Así que en nuestra tienda (también online), ofrecemos carteras, accesorios, ropa y muchas cosas para mujeres de 20 a 40 años". La empresa comenzó en el año 2013 en Gainesville, Florida. La pueden encontrar en la web www.fashionpinto.com para ver los catálogos y comprar por vía digital.

Comprobado el éxito de este emprendimiento, destaca que las latinas son guerreras así que cualquier logro no le sorprende en lo absoluto, más bien lo celebra. *"Somos luchadoras por naturaleza y resaltamos dondequiera que lleguemos. Ser latina me llena de orgullo".*

Equilibrio nutricional

Andreina además se dejó seducir por el estudio de la nutrición, y confiesa que al principio no sabía qué estudiar porque estaba muy metida en el deporte. Ya luego pensó que debía hacer algo llegado el momento de su retiro, así que tomó la influencia de varios nutricionistas que ha conocido a lo largo de su carrera, porque considera que es fascinante la disciplina de la alimentación cuando se es deportista.

"Me gustaría ser nutricionista deportiva para ayudar a mucha gente que como yo, en algún momento necesitará buena orientación al respecto".

Recalca que es cierto el dicho que dice: Eres lo que comes. "Como profesional me gustaría promover que saludable ciertamente te puede hacer ver mejor, pero si exageras en dietas estrictas para perder peso el organismo puede ser vulnerable y atraer enfermedades".

No está de acuerdo con que el concepto de saludable sea verse fitness. Más bien se trata de un estilo de vida sin exagerar, pues para esta nadadora la vida se trata de un equilibrio. Cree que el tema de alimentación le llama mucho a reflexión, le preocupa la gente que pasa hambre. "Me afecta más por muchos niños que no comen adecuadamente. De hecho en Venezuela tuve una fundación con mi hermana de nombre Hermanas Pinto, para ayudar a algunas zonas pobres de Maracay".

Superar obstáculos

Esta guerrera venezolana reconoce que nada se obtiene fácilmente sino con sacrificios y que los logros no vendrán por si solos a tocar la puerta. Por eso recuerda que uno de los obstáculos más fuertes que tuvo que superar al llegar a los Estados Unidos fue el idioma, tanto así, que muchas veces pensó en regresar porque al no poder comunicarse las cosas no funcionan. "También me afectó separarme de la familia".

A raíz de esta experiencia, considera que los tres factores para que las hispanas avancen en sus sueños en los Estados Unidos son: rodearse de gente positiva, que transmitan cosas buenas; apasionarse por algo para conseguir el rumbo; y tener disciplina para alcanzar las metas.

"Si hay mujeres aguerridas y con ganas de salir adelante somos las hispanas. No debemos limitarnos por nada, ni siquiera por el idioma".

3- ARIANY CALLES

Su poder es crear con las manos

Sus manos no paran de entorchar, doblar, estirar, tejer y más, hasta lograr la pieza deseada. Son las manos de Ariany Calles, una venezolana que dejó su país y se instaló aquí con su cúmulo de conocimientos, con su sensibilidad por el arte y sus ganar de salir adelante. Es diseñadora de accesorios para damas. A veces discretas, a veces estrambóticas, sus creaciones llevan un sello de originalidad digno de exclusividad. Digno de lucir con orgullo y osadía.

Desde su pasión por lo hecho a mano, se conecta con la naturaleza usando piedras naturales. Se confiesa una mujer de fe y con ganas siempre latentes de compartir sus conocimientos con mujeres que pudieran transformar el oficio en una oportunidad de negocio. Es oriunda de la ciudad de Caracas.

Llegó a los Estados Unidos huyendo de las condiciones sociopolíticas de su país, con una maleta llena de miedos, impotencia, sentimientos y frustraciones. Tomó la decisión de emigrar para proveerles seguridad a sus hijos y para mirar hacia un horizonte con más oportunidades que limitaciones.

Haciendo camino

La Antropología ha sido su forma de vida, dándole las herramientas para entender al otro. "Todas las profesiones se complementan con esos conocimientos que tengo. Ese clic entre la antropología y el diseño se dio hace varios años en Venezuela, porque además el arte siempre ha estado en mí. Cuando estaba más joven no me daba miedo modificar algún vestido, quitarle una manga, ponerle una flor y adaptarlo a mi gusto".

Para el año 2006 obtuvo una maestría en Museología en España, lo que le permitió ser parte de la renovación de los museos más iconográficos del mundo, junto a especialistas restauradores de joyería antigua y fue tanto lo que le gustó que a su retorno a Venezuela se inició en la confección de piezas para lucir sobre el cuello, las manos y las orejas. Fabricaba joyas, las vendía a sus amigas y al cabo de un tiempo abrió una tienda. De ese posgrado tiene una gran anécdota y es que cuando le tocó irse a España tenía pocos meses de casada, "pero ese hombre maravilloso que tengo a mi lado me animó a tomar la beca y a formarme durante casi un año que duró el estudio".

Apoyo a la mujer latina

Hecho a Mano es su organización cuyo fin es ayudar a la mujer latina. Se convirtió en un sueño hecho realidad, la concreción de su proyecto personal. Y es que cuenta, que cuando llegó a Estados Unidos, la invadió una depresión por seis meses aproximadamente. El idioma se le hacía una pesadilla, no podía siquiera comunicarse para comprar una botella de agua. Pero afortunadamente conoció el programa de Mujeres y Negocios de la Asociación Latinoamericana, participó y descubrió que eran muchas las mujeres que vivían lo mismo.

Así que Hecho a Mano nació como una escuela de oficios para compartir conocimientos de actividades para desarrollar con las manos y convertirlas en una oportunidad de negocio. Se trata de enseñar a pescar, no de dar el pescado. Motivan para el éxito. "Por nuestro taller han pasado decenas de alumnas y varias de ellas ya están volando solas hacia su realización como pequeñas empresarias", relata.

A través de su marca Creating Design, se pasea por técnicas de orfebrería como el alambrismo, martillado sobre metal, hilado sencillo, anudado y creación con piedras naturales, porque ayudan a canalizar las energías.

"El éxito que vamos teniendo es porque se nota la pasión por lo que hago y además estoy convencida de que el accesorio es el toque final del outfit que lleves, cualquiera que sea. Es darle valor a lo que te adorna. Hay quienes se preguntan por qué pagar 60 dólares por un collar cuando hay accesorios en centavos, pero la respuesta es la misma de por qué pagas 60 dólares por un vestido cuando hay tantos en 10".

Proyección a futuro

El empeño de Ariany es que el mundo sepa que las manualistas tienen un gran valor, tanto como ese gran gerente o fundador de empresa. Por eso le encantaría abrir sedes, de Hecho a Mano, en otras ciudades de los Estados Unidos. Actualmente está enfocada en reabrir su taller, en el diseño de cursos online y en expandir la idea de emprendimiento de más mujeres. "Admiro mucho el trabajo de diseño de una hondureña que está haciendo un trabajo parecido al mío en su país, así que eso me anima a querer multiplicar mi idea de trabajo más allá de estas fronteras".

Barreras superadas

Esta diseñadora venezolana recuerda que al llegar a los Estados Unidos sufrió una depresión que desencadenó en una enfermedad llamada leucemia. Fue un proceso fortísimo, es de las cosas más duras que le ha tocado superar. "A mi llegada a este país empecé a subir de peso y cometer el error de dejar de comer, tomar licuados para adelgazar, todo esto encima de la depresión, al punto de debilitar mi salud con una anemia y desvanecerme por la falta de fuerzas. Entré en una fase de negar lo que me estaba sucediendo, hasta que me di cuenta de que me podía morir si no comía. La vanidad se había apoderado de mí y si no la detenía podía morir en cuestión de un respiro".

Ante lo vivido, aconseja a las mujeres que lleven una vida saludable, eso seguramente se traducirá en buen peso y apariencia agradable para sí mismas. Igualmente, que reconozcan cuáles son sus capacidades y no subestimarse, y es que si hay mujeres aguerridas y con ganas de salir adelante somos las hispanas. "No debemos limitarnos por nada, ni siquiera por el idioma. Si entendiéramos que somos un jardín de flores, nadie nos detendría".

Enfocada

La meta de Ariany es consolidar la escuela de oficios, aunado a su rol de ser mamá de Samuel y Sebastián, quienes son su prioridad, su motor: *mi sueño es verlos crecer aquí adaptados y en el lugar que merecen.*

"Siempre es necesaria la educación. Dependiendo de qué rubro quiera desarrollar, es indispensable capacitarse".

4- CARMIN TAKEUCHI

se aventuró a crecer

Carmín Takeuchi es peruana, ama viajar y es fanática número uno de la exactitud matemática. Por eso se dedica a la contabilidad y los impuestos, porque en ella no hay margen de error posible. Llegó en 1993 a los Estados Unidos con la humildad por delante y sin mucho dominio del inglés, lo que le llevó a entrenar el oído. Comenzó de cero, no le importó vivir su circunstancia porque ella sabía que la vida le repararía grandes sueños de los que hoy disfruta como una realidad. Es directora de CT Accounting Solutions, empresa de contabilidad que suma una importante cartera de clientes en Atlanta y otros estados del país. Incluso, fuera de las fronteras.

Se define como una inmigrante peruana que llegó a los Estados Unidos habiendo terminado la secundaria. "Nos vinimos huyendo del terrorismo.

Nos establecimos en Miami y fue momento de comenzar desde cero". Pasamos por todos los trabajos, comencé en una cadena de comida rápida y también estuve en un supermercado. Poco a poco pude ir combinando el trabajo con la universidad, alcancé el título de contadora y luego una maestría en Impuestos. Pude trabajar en varias oficinas de contabilidad pública y fueron el impulso para abrir mi propio negocio llamado CT Accounting Solutions en el año 2010. Al principio solo tenía un cliente hasta que dejé el miedo y la zona de confort y me aventuré a crecer.

Para Carmín los valores de lealtad, responsabilidad, honestidad y cercanía con sus clientes es fundamental. Además se considera una persona muy emotiva que enfrenta desde la lógica un trabajo que cada día le presenta situaciones diferentes.

"Todos tenemos una experiencia que nos marca emocionalmente y en mi caso fue el nacimiento de mi hijo Isami, quien tuvo problemas de salud. Aprendí a valorar la vida y por eso todos los días asumo los retos que se me plantean".

Generar confianza y seguridad

En su área profesional es súper importante que los clientes sientan confianza porque manejan información clasificada como cuentas bancarias, números de seguro social y fechas de nacimiento, lo cual permite un mejor trabajo con sus estados financieros. El equipo de trabajadores firma un contrato de confidencialidad.

Los inicios de la empresa no fueron sencillos, tal vez como era de esperarse. "En un mercado laboral que pareciera estar diseñado para los hombres, es donde debes demostrar tu ética y valores profesionales.

Poco a poco se irán abriendo las puertas. Este es un trabajo muy demandante especialmente en época de impuestos, de enero a abril, porque las mujeres tenemos otros tantos roles que cumplir".

Como experta en su área profesional, recomienda que para tener una mejor cultura de impuestos es necesario estar informados, porque en la Ley Tributaria hay cambios constantes. También es bueno guardar siempre los recibos de tus compras, de manera que si te hacen una auditoría, tengas cómo comprobar lo que declaras. Y finalmente, nunca atrasarse con las declaraciones y si es necesario, abrir una extensión; pero siempre es bueno cumplir con el Estado.

La mujer es la mejor administradora

Para Carmín, la mujer es mejor administradora. No obstante, la condición varía dependiendo de cada persona y situación. "Las mujeres tenemos un don especial para mantener todo en orden, siempre con los detalles al día".

Y hablando de las mujeres, impulsa a las hispanas a perder el miedo de abrir un negocio pero siempre informándose previamente de todo cuanto sea posible. En internet cada estado tiene una página que indica paso a paso qué debe hacer para abrir su propio negocio.

En el hogar, la responsabilidad educativa hacia los hijos debe incluir la cultura tributaria. "Nuestra misión es dar un buen ejemplo y podemos comenzar sentándonos en familia a diseñar un presupuesto, evaluando las prioridades del mes".

Visión para nuevas alianzas

Esta profesional quiere seguir creciendo y sumando clientes, para lo cual no descarta asociarse con personas con visión y valores compartidos. Afortunadamente tiene buenas recomendaciones y eso les ha llevado de 1 a casi 35 clientes actuales, de lo cual está muy agradecida y orgullosa.

Para un hispano en los Estados Unidos es fundamental estar al día con los impuestos. "Por ejemplo, si aplicas para una universidad y solicitas una ayuda financiera, te pedirán tus impuestos. Para pedir un préstamo al banco, rentar una casa, comprar un auto, también debes estar al día porque en este país es súper importante tener un buen historial de crédito".

Carmín confiesa que de no haber sido contadora y por su amor a los viajes, tal vez se hubiera dedicado a la consultoría de paquetes turísticos. "Me encanta conocer otras culturas". Pero emprender siempre será su norte, por eso no deja de animar a la mujer hispana a educarse, capacitarse como regla indispensable.

En tono jocoso, dice que de poder escoger un súper poder sería teletransportarse. Y ya con más seriedad, comparte su lema de vida: No hagas a otros lo que no te gustaría que te hagan.

"Yo no he conocido mujer más valiente y aguerrida que la mujer hispana. Es esa mujer que trae hasta dos profesiones diferentes y es capaz de trabajar en lo que sea, se reinventa sin miedo para garantizarse su propio éxito y no sólo en este país".

5- CHRISTINA LARES

Los buenos modales abren oportunidades

Los buenos modales no miden fronteras, ni barreras culturales ni idioma siquiera. Son una virtud que tampoco tienen que ver con preferencias políticas, religiosas o raciales, sino con la oportunidad para acceder a un nivel cultural que demuestre un correcto proceder.

Para Christina Lares, venezolana de nacimiento pero residente de la ciudad de Houston, lo anterior se convirtió en una máxima de vida. Es apasionada de la etiqueta en la mesa y el protocolo, hábitos que aprendió durante su etapa profesional en la industria petrolera de su país, donde planificaba y desarrollaba eventos, planificaba encuentros corporativos y recibía delegaciones extranjeras. De esos años quedó la experiencia. Y hoy por hoy son muchos los interesantes datos que ofrece por medio de sus redes sociales (@christinabeatrizlares) sobre decoración, comportamiento en la mesa y de las normas al asistir a reuniones sociales.

Además, es respetuosa de la diversidad cultural, por cuanto también publica información interesante acerca de aquellos detalles que nos diferencian, pero enriquecen.

Desde mucho antes de venirse, la cultura americana no le era ajena ya que su familia vive aquí desde hace más de 40 años. Lo que sí se le ha hecho difícil es acostumbrarse a ciertas cosas porque siente que llegó tarde. Por ejemplo el sistema médico, por la poca cercanía entre el médico y el paciente que sí existe en nuestros países, así como el servicio en algunos restaurantes, donde no es posible disfrutar la sobremesa.

Conocer la etiqueta en la mesa y el protocolo son temas importantes porque a través del comportamiento se demuestra el nivel cultural de una persona. Aquel que domina la etiqueta en la mesa maneja una sensación de seguridad y holgura a diferencia de aquellas personas no conocen y pueden caer en el estrés de no saber qué hacer.

"En nuestra cultura manejamos dos tipos de etiqueta en la mesa: el continental y el europeo, el cual incluye el modelo francés que también es aceptado mundialmente. No obstante, en cada país del mundo hay un código específico. Por ejemplo, en los países asiáticos, como en Indonesia, no se utiliza el cuchillo porque es una ofensa en la mesa. En Asia, además, hay un código de etiqueta hasta para comer con las manos".

Un reto para la educación

La tecnología ha tenido mucho que ver con la pérdida de modales en las relaciones humanas, porque ahora hay muchísimas personas que viven inmersas en una sociedad virtual. Los padres de la actualidad tienen un gran reto en formar hijos que se den cuenta de que existe una vida real que deben enfrentar y que ésta tiene normas de etiqueta que se deben aprender.

Christina hace énfasis en la sencillez de la mujer para destacar. "Una mujer sobrecargada en todos los sentidos no denota elegancia. Mientras más sencilla sea, sus maneras de conducirse socialmente y hasta su tono de voz la harán ver hasta linda". Por eso la buena educación te da la oportunidad de ser recordada o nombrada como dama o caballero, en caso de mujeres u hombres. Ser una dama conlleva consigo muchas cosas.

Hispana exitosa en Estados Unidos

Yo no he conocido mujer más valiente y aguerrida que la mujer hispana, reconoce Christina. Es esa mujer que trae hasta dos profesiones diferentes y es capaz de trabajar en lo que sea, se reinventa sin miedo para garantizarse su propio éxito y no sólo en este país.

Esta es una sociedad que se maneja con la relación tiempo-dinero, por eso la puntualidad es indispensable, es una norma que se debe cumplir en todos los negocios. También hay que tener sumo cuidado con temas álgidos para la sociedad porque estamos en una multiculturalidad, por ejemplo aquellos referidos a raza, política, religión o inclinación sexual.

Es indispensable también ser cortés. La cortesía es la alfombra roja que se tiende ante ti para abrir oportunidades.

Lo que más le gusta a esta venezolana desde el punto de vista cultural es conocer gente. "En ocasiones me escapo de los guías turísticos y trato de ir más allá de lo que ellos quieren mostrar. En una ciudad nueva me interesa saber qué come la gente, cómo lo comen, cómo se visten, cómo hablan. Para saber tratar a personas de países diferentes, debes conocer qué piensan y cómo viven, y eso se logra documentándose, leyendo. El respeto es la base de todo, por eso es importante conocer el entorno en el cual te desarrollas".

Ahora el protocolo es más flexible

Con el pasar del tiempo, el protocolo ha ido variando, ahora es más flexible. Es notorio desde las casas donde vive la realeza hasta nuestra cotidianidad. Pero el protocolo siempre va a existir porque es el orden de las cosas, son las normas. Sería un caos asistir a un evento donde no existan unas líneas de comportamiento.

Le pedimos a la experta que compartiera tres consejos de etiqueta para aplicar en una cena, pero cree que "¡tres serían muy pocos! Lo que recomiendo es tomar un curso para conducirse de la manera correcta. Lo que sí aconsejaría es no hacer alarde de los conocimientos de etiqueta que se tienen porque es muy desagradable. En caso de ser necesario, mantener la discreción al compartir una orientación".

Hay errores comunes que cometemos hasta sin fijarnos. Por ejemplo, llegar tarde es un error que no se debe cometer. También hay que estar claros en el código de vestimenta para ese evento, lo cual evitará asistir de manera inapropiada, y un último consejo es no excederse en la ingesta de licor.

Christina espera retomar como proyecto del 2019 la planificación de talleres e incrementar el contenido que comparte a través de sus redes sociales. Un secreto para ser bellas: La naturalidad.

"Aspiramos hacernos la vida un poco más fácil y más feliz".

6- COFFEE TIME

Un espacio para encontrarse y crecer

A ellas las unen muchas cosas: la amistad, la hispanidad, los valores, la bondad, el anhelo de salir adelante en los Estados Unidos, y más aún, el impulso de ayudar a subir peldaños de progreso a hispanas que van llegando en busca de su espacio en la historia laboral norteamericana.

Les presento a María Elena Montano (Mayito de cariño) y Nancy Neira (Vivi para los afectos cercanos), fundadoras del grupo Coffee Time, cuyo origen se remonta hacia unos dos años en la calidez y sabor de un buen café colombiano. Mayito viene de la bella Colombia. Vivi es del rincón europeo en Latinoamérica, la majestuosa Argentina. Escucharlas hablar, cada una con su dialecto propio del país que las vio nacer, resulta un encanto. Cada una tiene su ritmo e imprime un sabor particular a la conversación.

El equipo de Coffee Time también lo integra la venezolana Lorena Liendo, quien ha conseguido un oasis de crecimiento, ánimo y tranquilidad en medio del agitado ritmo que devora vidas en los Estados Unidos.

Antes de emigrar, Mayito cuenta de que su niña tiene una condición especial y eso la motivó a quedarse luego de venir de vacaciones. "Estuve un tiempo en Florida y luego viajé a Georgia. Trabajé por nueve años en una fábrica. Hace dos años conocí a Vivi en una clase de inglés que para el momento estaba tomando. A la salida de cada clase, nos tomábamos un café y allí nació la idea de Coffee Time".

A Vivi la trajo el sueño de hacer un cambio en su vida y, aprovechando una oportunidad que se abrió para su esposo siendo músico contratado, se vinieron.

Pero no todo fue color de rosa. Aparecieron los inconvenientes y hubo que poner manos a la obra para salir adelante. A Vivi le golpeó duro la soledad porque siempre había sido una persona sociable. "Vengo de Buenos Aires donde la gente es conversadora. Me afectó que aquí la gente es diferente y tuve que empezar de nuevo a hacer amistades, pero escogiendo buenas personas con quienes tuviera valores comunes".

Para Mayito ese panorama no fue muy diferente. "Lo primero que experimentamos fue el miedo. Venimos de una cultura distinta. No es un secreto la inseguridad que se vive en Colombia y aquí salir de noche a poner gasolina fue algo diferente. Me sentía muy tranquila. Vine con muchos temores, además abandonar la familia es fuerte y buscar nuevos amigos no es fácil porque con el americano intercambias un 'hi' y ya. Es como si no tuvieras vecinos y la vida sin relaciones es muy triste y aburrida".

¡Y nació Coffee Time!

"Tomándonos un café en una cafetería colombiana", así nació Coffee Time. Ya luego lo compartían en casa de alguna de las dos y era agradable la compañía al punto que se fueron dando cuenta de que tenían cosas en común, temas parecidos para hablar; por ejemplo ambas ya no tienen a sus mamás ni tampoco hermanas. Vieron que la amistad hacía bien y fueron expandiendo el círculo de conocidas.

"Al cabo de poco tiempo fuimos ocho en el grupo y nos rotábamos las reuniones. Compartimos experiencias personales que nos unen y en el tiempo se han creado lazos fuertes. Incluso ahora asisten los esposos".

La dinámica de crecimiento fue progresiva, ya que fueron contactando mujeres con vidas e intereses similares con el fin último de hacerse sentir cómodas, felices y con la certeza de que acompañarse en un proceso de adaptación migratorio, haría todo más fácil.

"Aspiramos hacernos la vida un poco más fácil y más feliz. Empezamos a invitar gente y afortunadamente conseguimos en Buford (Georgia) un salón el último viernes de cada mes para este tipo de conferencias y confraternidad. Llevamos temas de importancia y actualidad. Por ejemplo, sobre familia, matrimonio, hijos, perdón, también de cómo mejorar tu crédito para comprar casa, y más. Aprendemos de todo. También en Recursos Humanos tuvimos la oportunidad de tener un lugar y trabajar al lado de nuestros hijos dando el ejemplo a la comunidad, pero con ellos cerca. Así que por dos años consecutivos organizamos un campamento de verano para niños en el lugar".

El punto fuerte de Coffee Time siempre es una enseñanza, con base a un fundamento cristiano, valores y deportes. Les gusta mucho tratar de balancear tecnología con espacios deportivos al aire libre.

Otra de las integrantes, Lorena Liendo, llegó al grupo gracias a la invitación de su suegra. "Necesitaba un espacio para mí porque tengo tres niños pequeños. Ha sido un tiempo de calidad por el crecimiento, distracción y recreación. Me gusta el grupo porque hay mucho calor humano. Me encanta por ser un espacio para abrirme, para invertir en mí".

Una sencilla invitación

Para participar en el grupo no es necesario llenar planillas, ni aplicar con mucho tiempo de anticipación. Basta con recibir un mensaje de alguna conocida en el celular o participar tu intención de incorporarte a través de la página de Facebook Coffee Time – Grupo de Mujeres. En el último semestre lograron estar en la revista de Recursos Humanos que tiene 10 mil publicaciones.

Normalmente, a cada sesión, asisten unas 25 mujeres. Todas son importantes, así asista solo una. "Cuando va una nueva damos muchas gracias porque va aunque sea una más. La hacemos sentir como debe ser. Creamos un grupo de WhatsApp y por allí vamos creciendo, motivándonos, manteniendo el contacto. Vamos integradas en un mismo sentimiento. Tenemos los lunes de negocios, ofrecemos lo que hacemos o necesitamos. Entre nosotras mismas nos ayudamos y todas ofrecen lo que hacen".

En el año 2017 fueron nominadas por el Condado de Gwinnett para un reconocimiento por la labor que hacen.

Trabajan de corazón y les llena de alegría. *"No nos gusta hablar tanto de lo que hacemos, sino que las participantes nos recomienden".* Queremos hacer un reconocimiento a dos miembros importantes del equipo:

– Osiris Rojas, venezolana madre de dos hijos. Cumple un rol muy dedicado. Trabaja en una heladería que ha sido premiada por sus sabores y ella es la que los prepara.

– Carolina Mejía, estudiante en una universidad virtual, madre de una niña, y le pone mucho empeño y corazón. Entre nosotras mismas financiamos nuestros eventos, llevamos el café, decoración, pero es algo hermoso porque nuestras chicas siempre llevan algo para compartir.

El plan es crecer

Las integrantes de Coffee Time tienen muchos sueños grandes, altos. Quieren tener un local privado porque actualmente donde están no pueden hablar ni de negocios, política o religión, así que son multifacéticas, respetan la cultura y las creencias de las asistentes.

"Pero quisiéramos tener un lugar donde lleguen las personas a mostrar su talento como muestras culinarias, teatro, cuidado de niños, de todo un poco. Ahora estamos constituyéndonos como una compañía y le estamos poniendo ánimo. Creo que estaremos logrando el sueño en un par de años".

La perseverancia es el condimento que le ponen para lograr las metas planteadas tras establecer objetivos claros. "Y eso aplica para Estados Unidos o para tu propio país. Hay que soñar pero también ponerse en acción con lo que tengamos, no necesitamos más. Todos tenemos lo que necesitamos para lograr los sueños. Lo que queremos es que la gente entienda que debe tener finanzas saludables y que sus proyectos de vida alcancen el éxito".

A veces llegamos a este país y entramos en la trampa del consumismo. Eso no nos permite lograr nuestros sueños porque tratamos siempre de tener el carro del año, accesorios, zapatos de moda y no nos da para acumular y llevar a cabo el proyecto que soñamos. Están claras, sin duda.

"Siempre es necesaria la educación. Dependiendo de qué rubro quiera desarrollar, es indispensable capacitarse".

7- CRISTY SUA

Ser bella desde adentro hacia afuera

En Ecuador está la mitad del mundo, una riqueza cultural invaluable y cientos de miles de mujeres talentosas, trabajadoras y soñadoras. Una de ellas se llama Cristy Sua y la tenemos aquí en los Estados Unidos (en sus documentos legales es Cristina Suárez, pero la llamaremos por su nombre artístico).

Con casi 20 años en este país, Cristy hoy se consagra como una de las maquilladoras profesionales más destacadas del estado de Georgia. No sólo por su trabajo que procura mejorar la imagen de sus clientas, sino por la vocación de servicio y noble corazón que le acompañan en su oficio.

Sin duda, Cristy es inspiración para las hispanas que llegan acá. No se atropella al hablar, está clara en sus objetivos y se muestra con una imagen glamorosa e impecable.

Su título universitario dice que es Ingeniera en Banca y Finanzas, también es contadora y agente de seguros, logros alcanzados entre su amada tierra ecuatoriana y su adoptada norteamericana. "Orgullosamente vengo de una ciudad llamada Ambato", dice.

Inicios en el campo profesional

Apenas salió de secundaria y con muy corta edad, buscó trabajo no porque lo necesitara sino porque era su sueño formar parte del equipo de una institución bancaria. Cuando lo logró, comenzó en el banco La Previsora y poco a poco fue subiendo de puesto hasta llegar al departamento de Auditoría, trabajando así con gente de mucha experiencia. Recuerda que estudiaba en la universidad en las noches y en las mañanas en el banco, de manera que así logró graduarse con el título de Ingeniera en Banca y Finanzas. Sin embargo, su vida cambió en el año 1999 cuando sus padres decidieron darle la oportunidad de emigrar a los Estados Unidos. "Fue un cambio muy grande porque se trataba de un país con diferente cultura, idioma y costumbres a lo que hice frente siempre con una actitud positiva".

Para ese entonces comenzó trabajando en una empresa italiana por sus conocimientos de contabilidad. Pero después de unos años aprendió sobre el oficio del maquillaje y también de agente de viajes.

"Junto a mi esposo me mudé al estado de Georgia donde estudié para convertirme en agente de seguros. Soy madre, esposa, agente de seguros, maquilladora profesional y una persona muy soñadora, persistente, humanitaria, pues me gusta interactuar con las personas. Tengo mucha seguridad y confianza para llegar a mis metas, aprendí a decir 'No' cuando debo hacerlo y creo mucho en mí". Actualmente lleva la contabilidad del negocio de su esposo.

Sueño alcanzado

Para esta ecuatoriana, saberse una de las maquilladoras más solicitadas en Atlanta es una bendición. "Siempre estaré agradecida con mi madre, porque jugó un papel importante en mi historia, ya que me enseñó a ser persistente, humilde, luchadora: siempre me decía que si subes un paso de éxito, debes dar dos de humildad. A mi esposo también agradezco porque me ha apoyado en todos mis proyectos. Me siento comprometida al 100% con esas personas que ponen su confianza en mí y dan valor a lo que hago porque es con amor y entrega".

Destaca que para siempre asegurar los sueños, la clave es poner a Dios delante de todos los planes, "es la escalera al éxito. Tengo muy claro lo que quiero en la vida, me siento feliz de hacer lo que me gusta, lo que amo y vivir de mi pasión que es maquillar".

Ser maquilladora no es fácil -reconoce-, porque para su punto de vista se deben tener habilidades artísticas, de diseño, confianza en sí misma, tacto, muchas veces diplomacia y paciencia. No todo es brochas, pinturas y polvos de colores.

"Lo que hago siempre va de la mano con el gusto y personalidad de mi cliente. Al momento de maquillar interactúo con ella. Le pregunto: ¿qué es lo que más te gusta? ¿Algo fuerte, llamativo? ¿A qué evento vas? Yo no puedo usar mis gustos meramente para maquillar. Se trata de hacer sugerencias, porque hay personas que hasta han perdido la posibilidad de tener un trabajo por el maquillaje que usan".

Meta por cumplir

Cristy no cambiaría nada de su vida, porque todas las experiencias la han ayudado a crecer como ser humano. Por eso se proyecta en el tiempo para alcanzar el éxito. "Le pregunto a Dios qué quiere de mí. Nunca hay que darse por vencida. Les invito a quienes quieran aprender a maquillarse a aprender conmigo con mucho gusto. Si no cuentan con recursos puedo ayudar a cambiar su imagen, sin costo".

Para ello tiene en sus planes crear una fundación que ayude a las personas a cambiar su vida y su aspecto para que se sientan bellas.

Busca además tener su propia marca de cosméticos, la cual cumpla las diferentes necesidades que tienen especialmente las latinas. "Ahora hay líneas de cosméticos orgánicos y no tienes ni idea de lo que estás poniendo en tu rostro. Como maquilladora profesional he estudiado a profundidad la composición de los productos para conocer lo que aplico. Ese es uno de mis sueños y sé que con la ayuda de Dios alcanzaré mi línea de cosméticos orgánica".

Claves para ser bella

Como maquilladora profesional, nos dice a todas las mujeres que a diario debemos repetirnos: como te ves, te tratan. Y es que para ella esto no es un concepto superficial, pero sí una realidad que vivimos día a día. La clave es exhibir una imagen impecable, de acuerdo a la personalidad. ¿Qué quieres proyectar?

"La imagen no sólo tiene que ver con la ropa o el cuidado físico. Importa mucho la forma de hablar, el comportamiento, tu léxico, educación y respeto a los demás.

Otros elementos del look los componen el cabello y su color, el tipo de peinado, el maquillaje. Se trata de cuidar los detalles".

Entre los tips para un maquillaje ideal, Cristy resalta con vehemencia que antes que nada, sin importar la edad, es súper importante la hidratación de la piel. Destaca que en pieles jóvenes recomienda un cuidado especial del rostro y el cuello porque de eso depende que el maquillaje sea perfecto.

En cuanto a las pieles maduras, deben olvidarse de utilizar la base de cobertura total, "tal y como lo hacíamos hasta hace algunos años. En piel madura se usa base ligera y de consistencia un poco aceitosa. Si es mate, acentúa nuestras arrugas. También usar polvo traslúcido y olvidarnos del polvo compacto. Labial de color neutro o color terracota, porque si usamos colores muy llamativos se acentuarán las arrugas de la comisura de los labios. El blush puede ser cualquiera, ese producto no tiene edad.

Es importantísimo cuidar el uso del delineador negro arriba y abajo, porque en la línea de abajo puede acentuar facciones y hacernos ver mayor de edad".

La belleza para Cristy no se mide patrones pre-establecidos por casas productoras de cosméticos ni por publicaciones en revistas de moda. Es un asunto más personal que banal. Es una virtud que exterioriza lo que hay en tu interior.

"Tienes el poder para lograr todo cuanto te propongas".

8- DELILAH CROWDER

Ser para Dios es también la realización

Ser una mujer de Dios es la virtud que le ha valido a Delilah Crowder para ser feliz. Con su Padre por delante, como guía y dueño de su vida, esta puertorriqueña ha sabido labrarse un exitoso camino en los Estados Unidos. No cabe duda que la doctora Delilah es un instrumento del cielo. Son cientos de personas orientadas, la misma cantidad de corazones conquistados al amor de Dios gracias a un don de predicación único. Desde su conversión al Señor en la adolescencia, Delilah supo que su vida estaría encaminada a servirle. No importaría si era en su país natal o en uno distinto, pero estaba claro que debía ir por las metas a favor de la construcción del reino de los cielos en la tierra.

Esta pastora cristiana ostenta títulos y certificaciones diversas, es predicadora, coach, mentora, escritora de varias obras, pero sobre todo, es buena persona.

Desde que llegó a este país en 1990 ha logrado establecer 12 iglesias en la costa este del país, expandidas al centro y oeste, sumando México y Centroamérica. Emigró joven después de terminar la universidad gracias a una invitación de su hermana. Jamás imaginó que venía a administrar o a plantar iglesias. Llegó por Nueva York donde estuvo casi dos años. Luego en 1992 me mudó a vivir al estado de Georgia.

El inglés como barrera

Uno de los retos más comunes que enfrenta la mujer hispana es el idioma. Aunque venía de Puerto Rico, su inglés era muy básico, apenas podía pronunciar dos o tres palabras, así que como profesional se le hacía muy difícil avanzar. Para ese tiempo, hace más de 20 años, tomaba un libro y un diccionario, y durante sus ratos en bus o en tren iba traduciendo palabras porque no le daba tiempo de ir a una escuela a aprender el idioma.

De cara a Dios

La vida cristiana de Delilah comenzó en Puerto Rico, pese a no haber crecido en una familia de inclinación religiosa. "Vengo de una infancia de abuso físico, abuso sexual, abuso verbal, tuve una familia disfuncional pero que hoy el Señor ha salvado. Dios tocó mi corazón y comencé a educarme en la Palabra. Tuve un llamado a predicar y empecé enseñando como maestra, luego como evangelista en las calles y cuando llegué a Georgia, Dios me invitó a evangelizar en la comunidad hispana, que sumaba pocas personas, y con el tiempo ha crecido".

Lidera cuatro ministerios que se han desarrollado en los años. DPC Ministry es la estructura completa y por debajo están:

– *Asesor Ministerial:* nació como resultado de la necesidad de muchos pastores en el área administrativa, también para su entrenamiento, capacitación de líderes (van más de 400 asesorados), talleres de capacitación y conferencias.

– *Elegidas y Llamadas:* es la versión femenina del asesor ministerial. Es un internado de 10 meses totalmente gratis donde enseñamos a la mujer que quiere desarrollar su ministerio, pero también a la que quiere hacer un blog en internet, Facebook Live, la que quiere escribir un libro, las emprendedoras que desean comenzar su negocio propio. Les enseñamos como manejar su tiempo, marca personal, en general, a crecer.

– *Unidas en Oración:* nació como una conferencia. Van tres años y se convirtió en conferencia nacional con proyección internacional. Está creciendo y son mujeres líderes en sus iglesias, con poder de oración, de experiencia y conocimiento. Oramos por las personas.

– *Entre Mujeres:* son eventos para reunirse y alcanza a conferencia nacional. Es un encuentro intensivo que comenzó como taller de sanidad emocional interior, pero ahora se convirtió en un plan integral. Es una fábrica de líderes.

12 Leyes del Rompimiento

El rompimiento es cuando algo no nos deja avanzar en nuestra vida, cuando hay una muralla. A veces decimos: me siento estancada, no estoy avanzando. Necesitamos que algo ocurra para que haya un desenlace de alguna situación, explica la pastora.

"En la espiritualidad, es cuando asumimos una actitud de ofensiva y en lugar de dejar que el enemigo venga a atacarnos, soy yo quien va a romper su línea de defensa. Se trata de acabar con nuestras barreras internas, porque a veces somos nuestro propio enemigo. Nos dejamos llevar por quienes nos menosprecian. Pero venimos de naciones fuertes y podemos lograr todo cuanto nos propongamos".

Hay cosas que te detienen y no dejan avanzar al próximo nivel. Porque siempre hay un próximo nivel, sin importar la edad que tengas. Existen situaciones que son como tener un elefante encima de tu pecho y por más deseo que tengas de ese negocio o esa idea, no se da.

Por ejemplo, la falta de organización puede ser algo con lo que debemos romper. También cómo manejar nuestro tiempo, la falta de conocimiento, mala alimentación, problemas de salud. No todo es espiritual.

Aprender a perdonar

En el libro *Evitando y lidiando con las ofensas* la doctora Delilah enseña qué debe hacer una persona para identificar, perdonar y eliminar ofensas. "Uno debe tomar acción y responsabilidad, no podemos pretender que Dios lo haga todo, Dios te enseña la puerta y tú, junto a Él, la abres".

El libro invita a evaluar si estamos ofendidos y una señal para descubrirlo es que repetimos constantemente el evento que nos ofendió. ¿Cómo lidiamos con eso? Una de las estrategias es la comunicación, hable con claridad. Y si ya sucedió, hable con la persona que le ocasionó la ofensa. Esta mujer de Dios está convencida que la Palabra tiene para nosotros un plan de bien. "En lo personal, siempre voy a Dios primero, habito en su presencia".

Hay que desarrollar una relación íntima con Dios donde exista comunicación. Él conoce mi vida, mi pasado, presente y futuro; y aunque a veces cometemos errores, nos confundimos y no obedecemos, debemos ponerlo primero.

En una sociedad donde la fe no está en primer lugar debemos tener convicciones bien acentuadas y estar bien parados en ellas. "Por ejemplo, desde que llegué a este país nunca he trabajado un domingo a menos que sea para Dios. Aunque haya tenido la necesidad, me mantuve firme en mi propósito".

Así vivo en un mundo donde la fe no es lo primero. Debes comenzar contigo, debes mantenerte firme en lo que crees sin que nadie te mueva, sabiendo que al final del día Dios te va a bendecir. No nos dobleguemos ante lo que nos ofrece el mundo. Los valores no son negociables.

Para la mujer hispana: Cree

Mujer, si Dios te trajo a esta nación es porque hallarás la oportunidad. Debes ser responsable contigo misma aprendiendo inglés, porque desconocer el idioma puede ser una muralla que te detenga. Aprende las leyes básicas de los Estados Unidos sin importar el trabajo que tengas, así evitarás errores que te pueden frenar o costar dinero. Aprende a asimilar la cultura del país donde Dios te ha traído. *Tienes el poder para lograr todo cuanto te propongas.*

"Hay que enfocarse en el objetivo que se quiere alcanzar, ser coherente con lo que quieres y ser disciplinado".

9- DIANA CHUMLEY

Empodera a la mujer para el emprendimiento

Diana Chumley no sopló e hizo botella. Sus sueños los ha ido alcanzando a medida que van pasando los años, a pulso, con trabajo y esfuerzo. Una energía vigorizante la impulsa a paso seguro por aquello que alguna vez en su pasado visualizó como su meta de realización.

Su historia de vida nos sirve de inspiración para detener nuestra marcha y ver qué estamos haciendo para alcanzar las metas que nos hemos planteado. Es una colombiana inmigrante que llegó a los Estados Unidos hace 16 años, junto a su familia, cargada de expectativas, con una maletica llena de ropa, sueños y con una carrera en Comercio Exterior. Alrededor del 2009 se inició en el manejo de Redes Sociales y como siempre le han interesado los temas de crecimiento personal, comenzó publicando mensajes relacionados con esos tópicos.

Un día asistió a un evento de Networking y conoció a Ángela Lopera, líder y mentora de negocios. La reconoció como buena redactora, con destrezas para la comunicación efectiva, y la invitó a dar charlas de motivación.

Sueño cumplido

Aleatoriamente crea Escomex, que significa Especialistas en Comercio Exterior y es el resultado de un sueño que traía desde Colombia. La función es asesorar y ayudar al pequeño y mediano empresario a exportar sus bienes y también a importar si fuera el caso. Se enfocan en la documentación, transporte y en que cada paso del proceso se cumpla sin contratiempos, haciendo además transporte terrestre a nivel nacional, y también aéreo y marítimo internacional.

Por ello define a Escomex como calidad de servicio y acompañamiento del cliente desde la idea hasta la llegada del producto. "Los ayudamos desde la concepción de la idea, diseño del plan de negocios, plan de distribución, marketing (revisión de la competencia), y demás aspectos relacionados con el comercio exterior". Le preocupa enormemente la desinformación que existe en la comunidad hispana, de lo cual se fijó cuando hizo la investigación de mercado a fin de conocer a su competencia: ¡No tenía competencia! "Compito con los americanos, pero nuestro estilo de servicio es muy diferente, yo siento que en Escomex damos valor agregado".

Visión de futuro

Ser embajadora de BizMujer, la ha capacitado para empoderar a las mujeres e inducirlas a que desarrollen su propio negocio, enseñándolas y acompañándolas, con el fin de hacerlas expertas en el manejo de personal, dominar las herramientas para identificar necesidades y tomar decisiones para mejorar el negocio.

"Emprender un negocio cuesta y no solo dinero, sino un camino largo hasta que llegue la prosperidad. En medio de este empoderamiento el tercer sábado de cada mes hacemos el BizBrunch para compartir conocimientos, porque las mujeres nacimos para mucho más que ser amas de casa y mamás. Para tener acceso solo hay que comprar la aplicación".

A raíz de esta experiencia ve que en los Estados Unidos las emprendedoras han crecido bastante por muchas razones. Algunas por ayudar a sus esposos en el sostén del hogar, otras por necesidad de mejorar sus ingresos y otras por cumplir sueños de juventud.

Servir es su pasión

La motivación más significativa de Diana la consigue cuando la gente reconoce el trabajo logrado. Recuerda cuando una empresa japonesa, para la cual también trabajó, la nominó como la mejor agente de ventas del trimestre. Fue un reconocimiento al servicio y la dedicación. De allí que le gusta servir, ayudar a la gente, ser auténtica, tener dedicación y mantener el valor de la responsabilidad. "Siento que es mi esencia y también mi buena presentación manteniendo arreglados el cabello, las uñas, el vestuario, y otros detalles; la presentación personal es clave y no me refiero a tener un cuerpo de Barbie, sino a la confianza que proyectas y a la seguridad que tienes en tus convicciones".

Desde niña ha sido disciplinada y siempre agradece a Dios por las múltiples cosas que ha podido vivir, descubriendo virtudes que desconocía tener. "He aprendido a escuchar, a no ser tan confiada, a tolerar. También he aprendido a no quejarme tanto y a sacar lo mejor de todo cuanto sucede; a poner límites a aquello que los demás quieran hacerme".

Para el sueño americano...

En este país el secreto de la felicidad no está en cumplir el sueño americano, sino el sueño personal. Y para lograrlo, la base es escuchar los mejores consejos de las personas adecuadas, sin perder el foco en el objetivo que se desea alcanzar, siendo coherente y disciplinado con lo que quieres, pese a que en ocasiones uno desfallezca, pero hay que levantarse y seguir adelante. "Otra cosa importante es no reducir todo el negocio al valor del dinero porque la tendencia será el fracaso. Que lo fundamental en tu idea sea beneficiar y ayudar a la comunidad, dar algo extra. También debes procurar adaptarte a la cultura a la cual llegaste porque te ayudará a crecer".

Metas a lograr

La meta en lo profesional de Diana es que Escomex sea reconocida nacionalmente como una empresa integral en el proceso de importación y exportación de productos. Para ello está clara que hay que mantenerse actualizado en el área donde se desempeña, ya que la cultura organizacional no es la misma de hace 10 años "y ahora estamos frente a una generación de personas cibernéticas o millennials. Aquí he aprendido que tu experiencia cuenta mucho para el trabajo al cual aspires entrar. Puedo decir que no nos dejemos frenar por el 'no' de la gente. Sea humilde, aprenda a escuchar y a aceptar si cometiste un error. Sea parte de la solución, no del problema".

"No te desmotives si las cosas no salieron como quisiste. Siempre hay algo más detrás de lo que pasa. Los pequeños traspiés sirven de empuje para hacerlo mejor".

10- ELENA CARNÉ

La mujer que consiguió el éxito en la tela de licra

Mujer de mente positiva, manos inquietas y perspicaz en detectar el sentido de la oportunidad, es Elena Carné, la venezolana que escala la cumbre del éxito en los Estados Unidos gracias a su emprendimiento Tepuy Activewear.

Se trata de una línea de ropa deportiva para damas cuyo sello característico son los colores vibrantes y diseño audaz, inspirada en la energía propia del suramericano. Está como para animarse a entrarle con la máxima energía a cada día desde sus primeras horas. La historia de esta hispana me llamó la atención y quise conocerla. Amablemente me concedió una amena conversación y hoy quiero compartirla con ustedes; ella es prueba de cómo la persistencia acompañada de calidad y especialmente de fe en Dios, convierten nuestros sueños en realidades tangibles en satisfacción, trabajo y dinero.

Una maleta llena de sueños

Elena salió un 26 de enero de 2003 de Valencia, estado Carabobo, Venezuela, con una maleta llena de sueños. Desencantada por la situación política de su país y las pocas oportunidades que avizoraba para crecer como empresaria, decidió, junto a su esposo, emigrar. Escogieron Estados Unidos como país de llegada, específicamente el estado de la Florida. Lograron establecerse, iniciar una familia que ya hoy cuenta con tres hijas, y trabajar.

Pero es hasta diez años después cuando, luego de la quiebra de la empresa donde trabajaba su esposo, Elena se atreve iniciar un negocio propio.

Haber tenido un pequeño taller de confección de trajes de baño en Venezuela le daba un respaldo de conocimientos para volver a comenzar. Por eso formalizó sus estudios de diseño en el Instituto de Arte de Fort Lauderdale y se lanzó a la aventura de la ropa de licra para deportistas. "Hicimos algunos arreglos en el garaje de nuestra casa, compré un par de máquinas y comencé a trabajar. Al principio le vendía a mis amigas y a mi entrenadora de gimnasio, luego poco a poco la marca se fue expandiendo en el mercado", relata.

Uno de los factores de su aceptación, fue que rompió el esquema de los colores oscuros. Se atrevió con irreverencia a marcar pauta, a ser tendencia.

De Miami a Americus

"En mi familia habíamos logrado el sueño americano, vivíamos en una casa hermosa en el Doral y todo iba bien. Pero repentinamente el trabajo de mi esposo dio un giro inesperado y debimos tomar decisiones".

Americus, un pequeño pueblo de 17 mil habitantes del estado de Georgia, les abrió las puertas de una nueva oportunidad. La acogida fue fenomenal. Los habitantes del pueblo se acercaron a preguntar de qué se trataba la inversión que llegaba y se ofrecieron ayudar, se animaron a invertir. "Ese respaldo no tiene precio". También lo hizo la Cámara de Comercio Latinoamericana de Georgia, institución que durante el 2018 le otorgó una beca para incentivarla a seguir creciendo.

"Desde que llegamos en el 2015 nos ha ido bien. Este pueblo tiene su encanto", comenta entre risas. Sin pausa, equiparon una modesta sala de máquinas y se empezaron a hilar piezas que hoy son una realidad en cientos de mujeres que las prefieren para entrenar.

Superar barreras

Lo que 15 años después es una realidad, al inicio el sueño debió enfrentar obstáculos para verse materializado.

"Cuando llegamos a este país nos enfrentamos a un idioma que no dominábamos y era difícil comunicar nuestras ideas. El intercambio cultural y la adaptación a una mezcla de personas tan diferentes conviviendo en una misma ciudad también fue tema para superar. Somos muchos los hispanos, venimos de tantos países".

Elena asegura que ser honesta con sus aspiraciones y compartir sus sueños con gente buena, es uno de los secretos de su éxito. "Nos sucedió que nos perseguían con un cheque en la mano para ayudarnos a comprar máquinas. Eso no le pasa a todo el mundo, es una bendición que viene de Dios".

Constancia y coherencia

La constancia es uno de los secretos para lograr los objetivos como emprendedora. Trabajar una cosa a la vez, hacerlo bien. "Si voy a hacer leggings, haré los mejores leggings que pueda. Luego me muevo a otro producto. Una pequeña empresaria debe mantenerse enfocada y preservar sus valores de honestidad y transparencia, no hay que pretender ser lo que no es", reflexiona Elena.

Los sueños de Elena son muchos pero el que más resuena en su cabeza es hacer que la compañía crezca. "Poderla establecer, porque al principio la curva de la estabilidad se mueve hacia arriba y hacia abajo, así fue el 2017, de mucho aprendizaje. Veo en los siguientes años mis máquinas llenas de mujeres trabajando, animadas a querer salir adelante. Quiero inspirar a otras mujeres y crear tal vez un grupo de muchachas jóvenes que no quieran continuar la escuela por alguna razón, para ofrecerles un proyecto, trabajo y enseñarles este oficio".

A las hispanas que como ella llegan a los Estados Unidos en busca de una oportunidad, aconseja como "número uno" aprender inglés. No nos podemos limitar al mercado que conocemos, al hispano.

Número dos especializarte en una cosa (si vas a fabricar pantalones, hazlos bien. Si vas a hacer repostería, sé la mejor). Busca las mejores oportunidades alrededor de tu pasión. Buscar grupos de apoyo que complementen tu experiencia es favorable para mantener el ánimo, las ganas. No sabemos todo, por eso busco personas que me ayuden a fortalecer mis debilidades. Que me den consejos. Una clave para alcanzar el éxito es pertenecer a organizaciones que te ayuden con tus planes. Aprovechemos, investiguemos, qué recursos hay para que te empujen a crecer.

Su lema de vida parece sencillo pero requiere de firmeza y determinación: Sé coherente con lo que dices y haces. Si quieres que tu equipo de trabajo lo haga bien, debes empezar haciéndolo tú. Debes convertirte en modelo a seguir. Y crea un balance: ama lo que haces y quiérete en lo que haces. Siéntete orgullosa de tu trabajo y esfuerzo. No te desmotives si las cosas no salieron como quisiste. Siempre hay algo más detrás de lo que pasa. Los pequeños traspiés sirven de empuje para hacerlo mejor.

"Hay que llevar la mejor actitud posible y la certeza de que te define aquello que eres y no el título que obtuviste en alguna universidad".

11- ELIMAR ASUAJE

Ser mamá sin salirse de contexto

Si el proceso de emigrar es difícil, imagina hacerlo con hijos pequeños jugando encima del equipaje, mientras tus emociones se van diluyendo entre despedidas y esperanzas por un futuro mejor. La experiencia la hemos vivido cientos de mujeres y entre ellas Elimar Asuaje, una venezolana que llegó hace poco más de un año a Atlanta con su esposo y dos niños, y que progresivamente se va labrando un camino hacia la realización.

Elimar es profesional de la comunicación, pero mamá ante todo. La combinación de sus talentos y el amado oficio de criar a sus pequeños Juan Pablo y Marcela, la llevaron a fundar @mamaencontexto, una red social donde comparte detalles de una vida enmarcada en valores y en lo divertido (y a veces muy difícil) de educar, mimar y corregir.

Desde hacía varios años venían evaluando, como familia, emigrar. La razón fundamental fue la crisis política y social que atraviesa Venezuela, lo cual generó el cierre de cientos de empresas, entre ellas, donde trabajaba su esposo. "Se desbalanceó todo lo que veníamos construyendo; quisimos seguir creyendo en Venezuela desde nuestros emprendimientos, pero la situación política nos llevó a salir y aunque los Estados Unidos no era una primera opción, luego nos dimos cuenta de que las señales apuntaban a esta ciudad, Atlanta".

Emigrar es difícil por muchas razones, pero diferente a lo que muchos puedan pensar, para los niños en general la adaptación es más fácil porque solo dependen de papá y mamá. Pero salir del país sí les generó un poco de temor por someter especialmente al hijo más grande de nueve años a una sociedad diferente, nuevo idioma, otra escuela y muchos cambios. Sin embargo, se adaptó rápidamente y a la semana de estar aquí decía que no quería regresar. En el caso de Marcela, su hija pequeña, llegó de dos años y fue mucho más sencillo.

"Como mamá me ha tocado aprender mucho de la dinámica escolar, el cuidado de la salud de la familia, las nuevas rutinas, y mucho más, porque todo cambia. Pero Dios ha sido determinante. A partir de la decisión todo nos fue saliendo bien y eso me hizo pensar que estábamos en buen camino. Siempre tuvimos un propósito claro.

A las mamás y esposas nos toca un papel fundamental, porque la edad de mi hija pequeña me limitaba a la hora de trabajar ya que no estaba en etapa escolar. Así que a mi esposo le tocaría un esfuerzo doble. Asumí que mi rol sería de apoyo para ellos tres, debía canalizar emociones y conversar sobre lo que sentíamos en los momentos libres por más pequeños que fueran".

Un accidente inesperado

El momento más difícil hasta ahora, fue enfrentar un accidente laboral que sufrió su esposo en su primer trabajo, el cual les produjo un choque emocional e incluso preguntarse si estaban en el lugar correcto. Pero pronto recapacitaron y se dieron cuenta de que eran riesgos que se corrían y no debían desesperarse. La emocionalidad es uno de los retos más difíciles de afrontar.

Emigrar implica informarse bien

Si hay algo que puede aconsejar Elimar es cómo seguir los pasos correctos a la hora de emigrar. "Primero deben informarse de todo cuanto puedan del lugar al cual van. Por la web se aprende de todo, tanto de legalidad, finanzas, alquileres y mucho más. Otra de las cosas que recomiendo es salir con el mayor ahorro posible del país de origen, aunque para los venezolanos sea muy difícil. También me parece conveniente llegar con alguien conocido al menos un mes, porque más allá de tratarse de un tema económico, significa un apoyo emocional en el arranque".

Hay que llevar la mejor actitud posible y la certeza de que te define aquello que eres y no el título que obtuviste en alguna universidad.

Una mamá emprendedora

Mamá en Contexto es una idea que se trajo desde Venezuela y surgió poco después del nacimiento de su hija pequeña. "Yo venía haciendo muchas cosas, pero algo que nunca he dejado de ser es mamá, independientemente del contexto donde me encontrara. Así que decidí contar mi vida en todas mis áreas pero sin desvincularme del rol de mamá".

Comparte muchos datos pero su mayor interés es promover los valores de la familia. La idea es difundir información sobre la crianza positiva, respetuosa y que nos prepara hacia etapas como la que empezará pronto a vivir llamada adolescencia. "Los papás deberíamos tener consciencia y herramientas porque vendrán etapas que inevitablemente se deben afrontar".

Entre ser mamá o periodista, prefiere mil veces su rol de madre.

"No hay que tener miedo, con documentos o sin ellos, con inglés o sin saberlo, los inmigrantes pueden llegar tan lejos como se lo propongan".

12- ELVIA TORRES

La familia siempre debe ser lo primero

Elvia Torres llegó desde Jalisco, México, para radicarse en la ciudad de Chicago luego del fallecimiento de su esposo. Preside la Fundación Reintégrate dirigida especialmente a la comunidad latina y con énfasis en las mujeres. Es defensora de los derechos humanos, el bien común y la educación.

Cree fervientemente que la educación es la única herramienta que da la posibilidad y el poder de salir adelante. Aunque hacen falta la motivación de por quién hacerlo y la voluntad de autosuperación. Es una mujer tenaz que vino un mes a pasar vacaciones y ya lleva 21 años de sacrificio, trabajo y realización. Sobre su experiencia de emigrar, cuenta de que su razón para hacerlo fue el dolor. Perdió a su esposo en un accidente de tránsito donde viajaban todos.

En México yo tenía una vida maravillosa, una familia bella con 3 hijos, pero curiosamente el 16 de junio de 1996 tuvimos el accidente, un trago muy doloroso que nos hizo cambiar la vida. "Mi esposo y yo teníamos una compañía de computación que se llamaba Semaco (Servicio de Mantenimiento Computacional) y se la regalé a mis empleados. Para ese tiempo no quería nada que ver con Dios siquiera. Mi hija, la más pequeña estuvo al borde de la muerte y sin buenos pronósticos de quedar bien si sobrevivía, pero hoy es una joven que habla cuatro idiomas y tiene su carrera universitaria. Los otros dos también son seres de bien. Mis más grandes motivos de orgullo".

Se autodefine como una mujer perseverante que nunca se rinde ante nada ni nadie. Trata siempre de completar los proyectos que inicia y siempre le dice a la gente que con ella hay dos caminos: o me quieres o me odias; soy clara y hablo de frente pero con respeto.

Un corazón dividido

Fue complicado emigrar con hijos pequeños porque su corazón se dividía en dos; en México dejaba a una hija 19 años siguiendo sus sueños de universidad. Ella sintió abandono. Y para sus otros dos hijos fue un cambio total por el idioma, otra escuela, otra sociedad.

Fue indocumentada y le tocaba trabajar en una panadería por la noche, pero gracias a Dios no les pasó nada. Vivieron momentos muy fuertes como familia, pero juntos salieron adelante. "Hay una frase que me identifica: Ser migrante no se aprende en una conferencia, hay que vivirlo, sentirlo".

Las fuerzas para seguir adelante se las dio Dios.

"Siempre he dicho que no hay que perder la fe; además el poder está dentro de ti y en mi caso el motor han sido mis hijos, quienes me han animado a seguir y seguir. No hay que tener miedo, con documentos o sin ellos, con inglés o sin saberlo, los inmigrantes pueden llegar tan lejos como se lo propongan".

Es positivo que los Estados Unidos reciban familias hispanas porque se trata de una diversidad rica de compartir y gran riqueza cultural para todos.

Fundación Reintégrate

Elvia hizo un estudio de mujer migrante, líder silenciosa, mujer grandiosa. Y fue gracias a su experiencia durante todos estos años, con todo lo que han pasado, que llegó a la conclusión de que la comunidad hispana lo que quiere es seguir superándose y empoderándose, pero con su idioma y los valores de su cultura.

Reintégrate significa esa refundación que necesitas para llegar a tu éxito. Es una organización sin fines de lucro para ofrecer un Plan B a los hermanos hispanos, porque falta mucha orientación en caso de deportación o retorno voluntario.

Si tuviera que cambiar algo de su experiencia de haber llegado a otro país, evitaría ser tan perfeccionista exigiendo tanto a sus hijos, sin haber aprovechado momentos para estar con ellos y que nunca volverán. Tal vez hubiera luchado un poco menos por su comunidad hispana y se habría enfocado más en su familia. Pero ya eso pasó, por eso aporta esa recomendación a las personas. Otro consejo que da especialmente a las mujeres es que si no cuentan con sus documentos legales, no vengan.

Hay tantas oportunidades en el mundo que te pueden llevar al éxito, el secreto está en las ganas de salir adelante. Hay que seguir empoderándose a través del estudio porque la educación abre puertas.

Su visión a cinco años la ubica en un edificio grande, bello, lleno de luz, con ventanales grandísimos y pintado con colores suaves, donde te puedas sentir en casa, para llenarlo de gente que quiera aprender oficios como computación, diseño, costura, moda, cocina, y otros; un lugar donde no haya límites, con salones llenos de personas que sepan que pueden poner su propio negocio.

Una lucha por la igualdad

Luchar en una sociedad tradicionalmente machista como la que caracteriza a los países latinoamericanos ha sido muy complicado. "Como activista político me he topado con hombres que me han dado la espalda, que se han retirado de mis conferencias. Pero también he encontrado hombres muy buenos que me han tendido la mano".

Y precisamente hablar de aspiraciones políticas es algo posible para las hispanas en Norteamérica. "Sí se puede, porque para muestra una mujer regidora de un distrito de Chicago que en algún momento fue indocumentada. Se trata de luchar por los ideales que queremos.

Incluso la lucha va más allá, buscamos que se reconozcan los derechos de los inmigrantes desde los gobiernos de nuestros países".

Para Elvia es mejor caminar sola hacia los sueños, una vez los logra, los comparte. Y tal vez sea producto de su personalidad perfeccionista, pero no le resta liderazgo.

"A la mujer hispana le enseñaría a amar a Dios, luego a amarse a sí misma y finalmente a los demás. Creo que con Dios y con determinación se superan todas las adversidades".

13- ESTELA FIGUEROA

Renacer desde el corazón de Dios

Puerto Rico, la hermosa isla del Caribe, nos regaló una mujer especial que vino a los Estados Unidos hace 20 años a cumplir una importante misión: ayudar, en el nombre de Dios, a todo aquel que esté pasando por un desierto emocional, por una depresión, la pérdida de un ser querido o padeciendo las consecuencias de un apego o vicio. Lo hace desde una organización sin ánimo de lucro Renacer Atlanta cuyo sostén es su propio pulmón y gracias a la providencia divina. "Llegan donaciones y así seguimos adelante, esta es una obra de Dios", reconoce.

Llegué hace 20 años junto a mi esposo, hijo e hija. Y aunque extrañamos nuestra isla, nos encanta estar aquí en Atlanta, nos dice. Renacer Atlanta es una organización sin fines de lucro fundada en el año 2008 como un llamado de Dios.

Fue un reto para Estela, abrirla, pero lo logró y ayudan con especial atención a la comunidad hispana. Está dividida en tres grandes ramas: el centro ministerial para consejería bíblica para quienes atraviesen un momento difícil; coaching de vida para el crecimiento personal de los participantes una vez se han superado los problemas; y el centro familiar donde imparten talleres educativos a los padres de cómo ayudar a sus hijos académica, social y emocionalmente. "Tenemos la misión de trabajar para bajar los niveles de violencia social que nos rodean. Es muy gratificante ver resultados positivos. También vamos a empresas y ofrecemos nuestro paquete de talleres para los trabajadores".

Apoyo desinteresado

A raíz de una depresión que padeció, sintió que debía ayudar a muchas más personas, por eso cuando abrió la fundación ya tenía 10 años como cristiana. Así que recibió a Cristo, dejó pasar un tiempo y sintió que le faltaba una pieza llamada gracia de Dios. No se conformó con una vida llena de desánimo, tristeza y falta de fuerza, y se enfocó hacia el cambio y ahí llegó la voz de Dios que la llamó a servir.

"Nosotros promovemos valores cristianos, pero recibimos a personas de cualquier religión, cultura y tradición. Nuestro objetivo es ayudar. Es común que la mayoría de nuestros estudiantes sean hispanos. Podría decir que el perfil es aquella persona con un problema que desee generar un cambio en su vida". Los mayores problemas de las personas que reciben en la fundación tienen que ver con relaciones intra o interpersonales. Es decir, problemas consigo mismo por depresión, ansiedad, desespero y más; otros por problemas con Dios, su matrimonio, hijos, familiares; casos por falta de perdón, traición, traumas y rupturas que llevan a un gran dolor.

Las donaciones son el principal ingreso económico que mantiene a flote las actividades, también el patrocinio privado y fundamentalmente el aporte familiar de Estela. "Ahora iniciaremos el proceso para solicitar ayuda gubernamental y de empresas. Ya tenemos experiencia, años de trabajo y una serie de programas consolidados".

Lo primero que hacen al recibir a las personas que necesitan ayuda, es obtener su información personal y luego enfocarse en su trayectoria familiar. Luego les explican en qué consiste el proceso de consejería, los invitan a confiar en Dios e inician el proceso de educación de acuerdo con el problema que los trajo. "Por lo general no es tarea fácil, porque vivimos en una sociedad donde todo es rápido y cómodo, siendo esto un proceso lento".

A paso firme

El éxito que tienen los programas de la fundación depende en 100% del cambio deseado por la persona, incluyendo siempre a Dios en el proceso, con acompañamiento espiritual, pero el secreto radica en el compromiso y la perseverancia de cada quien. La clave de mantenerse fuera del problema es que luego de superarlo, hay que ayudar a otros que tengan lo mismo que esa persona sufrió.

Aunque no somos expertos clínicamente en adicciones, sí entendemos cómo surgen y es por lo general responder a la necesidad de mitigar un dolor. A veces buscamos refugio en lo que el mundo nos ofrece, cuando podemos refugiarnos en los brazos del Señor. Pero sucede que a Dios no lo conocemos apenas nacemos y el dolor que va apareciendo en la vida lo mitigamos con las cosas del mundo y es cuando generamos los apegos, asevera.

"Hoy está muy de moda la adicción cibernética, incluso a otras cosas que son buenas como la lectura, el ejercicio, la aprobación de otros, el sexo y más, pero al volverse adictivas, esconden un dolor y una baja autoestima. Llega el momento de reconocer y buscar ayuda. Nosotros en Renacer hablamos de Dios, porque sabemos que sin la palabra de Cristo no hay recuperación posible".

Con Dios de la mano

Estela reconoce que hay cosas que no han sido fáciles de superar, y la depresión fue una de ellas. Lo que la mantuvo en la perseverancia era saber que Dios la sostenía. "Hubo otra situación muy dura hace poco tiempo que fue perder a mi mamá. Es un dolor muy fuerte, porque ella fue un ser muy especial".

Entre las cosas que le gusta inculcar a las hispanas en Estados Unidos es que amen de verdad a Dios, luego a sí mismas, para que sepan lo valiosas que son y el propósito que tienen en la vida; "y finalmente le enseñaría a amar a los demás, especialmente al que no nos ama; perdonar, servir y saber poner límites".

"No dejes que te corten las alas".

14- GABRIELA LÓPEZ DE MESA

Una vida llena de color

Para quien trabaja con tanta pasión, esmero y dedicación, no puede haber resultado diferente al éxito. Muestra de ello es la vida de Gabriela López de Mesa, una colombiana que llegó hace 15 años a los Estados Unidos halada por el amor de su esposo e hijos. Es fundadora de **Quickly Color**, una empresa de impresión publicitaria capaz de crear desde una tarjeta de presentación hasta un globo aerostático. "Estoy feliz de vivir en Atlanta, me encanta su ambiente, su gente y la forma de vida", revela cuando se refiere a qué ciudad llegó aquel 26 de diciembre del 2003.

Gaby, como también le llaman, transpira simpatía. Es conversadora, risueña y contagia entusiasmo. Amena al hablar, así es ella, con un corazón que brinca al ritmo de los colores que sus máquinas imprimen.

Con mucho orgullo, cuenta de que **Quickly Color** es una empresa que nació en la casa. "Cuando vivíamos en Colombia tuvimos una imprenta durante cuatro años, pero los 27 años anteriores ya funcionaba como negocio próspero en manos de otras personas. Vendimos y nos vinimos. Empecé a tener clientes conociendo Atlanta, mientras trabajaba en telemarketing.

Fueron cuatro años funcionando en nuestra casa y a medida que fuimos creciendo llegué al centro comercial Santa Fe (quienes eran mis clientes) y me invitaron a tomar un local. Se me vino a la mente: es una gran idea pero ¿cómo voy a pagar la renta? Hicimos cálculos rápidos y dijimos que sí. Quedamos en un espacio recóndito del mall. Solo teníamos un escritorio y una silla, pero fue suficiente para armar la oficina. Lo importante fue arrancar".

Para entonces, solo contaban con una diseñadora contratada; eran su esposo y ella para todo. Hacían el café, firmaban contratos y limpiaban la oficina. Pero fue pasando el tiempo y poco a poco llegaron las máquinas y entre ambos seguían con la mano de obra. "Más de un trabajo dañamos y tuvimos que volver a comenzar, pero la dedicación y el amor nos hizo crecer poco a poco".

Hoy día tienen 17 personas trabajando como parte del equipo, también un taller donde imprimen camisetas, posters, flyers, ventanas, rótulos de carros, diseñan páginas web, editan videos para negocios; cuentan con un administrador casi familia y muy colaborador, diseñadores y vendedores; en fin, gente muy comprometida.

Logros llenos de retos

Estar 24/7 junto a su esposo es el mayor reto que Gaby ha tenido que sortear. Lo confiesa entre risas, pero también con mucha seriedad tratan de cumplir un pacto y es no llevar los problemas del trabajo a la casa. Eso implica que en las mañanas cuando abordan el auto parecen cotorras hablando sobre los asuntos pendientes.

El tema cultural también fue otro desafío importante de vencer. "Me preguntaba: ¿por qué esta persona me habla así, está bravo? ¿qué me está diciendo? La forma de hablar, la actitud del americano es a veces difícil manejar. Pero cuando lo entiendes te adaptas y lo aprendes a sobrellevar".

Ser competitivos en un mercado americano también ha sido tarea de estudio. "Tenemos un slogan que dice: el que no muestra no vende. Tratamos siempre de entregar un trabajo impecable para que ese cliente traiga a otro. También usamos nuestros propios productos: flyers, posters, participamos en eventos, estamos en radio, los empleados tienen camisetas identificadas, hacemos banderas que están afuera de cada tienda, redes sociales, página web. Son pasos progresivos y tratamos de implementar todo aquello que recomendamos a nuestros clientes".

Destrezas para el éxito

No hay fórmula mágica para alcanzar el éxito pero sí algunas destrezas que se pueden implementar para acercarte lo más que puedas. Una de ellas es conocer el producto con el que deseas trabajar; otra es investigar sobre la idea de negocio. ¿Dónde está mi mercado, qué competencia tengo?; y finalmente comunicarlo, contarle a la gente sin pena ni miedo que tienes un negocio.

Se trata de salir de ese esquema de ser empleados, de contar con algo seguro. Hay que arriesgarse y enamorarte de la idea. Todos los negocios tienen dificultades. Es igual que un matrimonio o criar un hijo, estamos relacionados con gente. Pero a diferencia de lo que dicen algunos, no es un problema tener un negocio".

Para Gaby el factor de su éxito es la dedicación. Hay pocos días de descanso. "Abrimos a las 8:00am y nos vamos a las 9:00pm de lunes a domingo para dedicarle el mayor tiempo posible".

Mujer, que nada te detenga

Gaby comparte sin mezquindades unos cuantos consejos para las mujeres hispanas que desean emprender. "Si tienes una idea de negocio que nada te detenga". Es como cuando nos casamos, echémonos al agua. Hay casos en que la familia apoya y otros no. No dejes que te corten las alas. Con el tiempo, viéndote que eres capaz, te dejan volar y hasta te ayudan. ¿Qué negocio no tiene competencia? No miremos a los lados, sigamos adelante con la tarea. Consintamos al cliente y seguro volverá.

Además, es importante estar enamorada de lo que haces, amarlo como a un hijo. "Siento que contribuimos con un granito de arena a quienes tienen sueños". Me gusta entrar por el corazón, tratar de que el cliente se enamore de la compañía, por eso hay gente que va y vuelve. El amor se refleja en todo. Los emprendedores siempre estamos en movimiento, siempre quiero inventar cosas. Mi esposo me dice: ¡Pare ahí! (Risas)

Con la misma receta

Si tuviera que comenzar de nuevo, Gaby afirma que haría lo mismo, tal y como hasta ahora. "Para donde quiera que me vaya, no cambiaría de negocio ni idea, seguiría haciendo lo mismo". Vinimos con dos maletas, sin un peso... No teníamos nada. Hay gente que ha venido igual que nosotros y les ha ido maravillosamente. Volvería a comenzar haciendo lo mismo. No les de miedo, realicen sus sueños, salgan adelante. Si yo con dos hijos salí adelante -y todavía me falta-, lo puede hacer cualquiera. Dios nos dio todo, ¿cómo no lo vamos a poder hacer?

"Quiero que aquella que me vea pueda tomar algo de inspiración y siga creyendo que puede alcanzar sus sueños".

15- GEMA ZARINA

Hay que ser bella por dentro y por fuera

La joven modelo venezolana Gema Zarina se presenta como lo que es: una mujer sencilla, llena de talento y pasión por lo que hace. A pesar de sus 24 años de edad, muestra una madurez de quien ha vivido mucho. Y no en vano le ha valido haber sorteado obstáculos, desfilado en importantes ciudades del mundo y vistiendo prestigiosas marcas como Roberto Cavalli, Just Cavalli, Marni, Donna Karan NY, L'Oreal París, MSGM Milán, Ralph Lauren, Moschino, entre otras. Por dos años consecutivos ha sido modelo de la Semana de la Moda de Nueva York y actualmente vive en Bangkok, Tailandia, donde trabaja para una importante agencia de modelaje.

Su belleza de niña le abrió las puertas del éxito, pero sin duda, el mayor empuje lo da su personalidad extrovertida, segura de sí misma y con los objetivos claros que desea alcanzar.

"¿Quién soy? ¡Es una pregunta complicada! Soy una mujer que todos los días sueña en grande y cree en sí misma. Antes no sabía para qué había venido al mundo, pero descubrí que Dios me dio este talento para alcanzar mis metas y saber que con disciplina y El todo es posible".

La aventura de ser modelo comenzó cuando tenía 14 años. A los 16 ya tenía buenos conocimientos pero fue hasta los 20 cuando se internacionalizó y allí entendió que el trabajo había comenzado. Le tocó salir de su caja de cristal, del ala de sus padres y ver cómo era realmente el competitivo mundo del modelaje; fue duro empezar, pero ahí va y lo importante es seguir adelante.

Hasta ahora su carrera dentro de la moda ha sido una montaña rusa, con muchas oportunidades para crecer y experimentar. "Ahora estoy en estudios de producción y es totalmente nuevo para mí. He entendido que la belleza perfecta no existe, la belleza comienza desde el interior y es la única manera de hacerla ver al mundo exterior".

En esta etapa profesional, Gema ha viajado hacia su interior a conocerse a sí misma y vencer los muchos obstáculos que se le han presentado. Han sido muchos "no", pero cuando ve que hay algo difícil, se empeño y va hacia ello. Por supuesto que hay momentos en los que dice "no puedo más", pero es cuando actúan sus padres, su familia y Dios a decirle que sí puede con el ánimo necesario.

Salir a los 20 años de su casa le hizo madurar apresuradamente, volar un poco más rápido. Le toca verse al espejo y preguntarle a su reflejo: ¿Te estás superando a ti misma?

Dar valor a lo pequeño

"Mis padres me han contado que desde pequeña siempre jugaba a ser modelo, me ponía sombreros y desfilaba en pequeñas pasarelas improvisadas. Siempre me encantó este mundo. Y he aprendido a valorar los pequeños momentos de éxito, porque la pasarela dura apenas unos segundos; ahí es cuando me doy cuenta de que lo verdaderamente importante es el proceso de preparación".

Lo que menos le gusta de su oficio son los estereotipos de la "modelo ideal", de la belleza y es algo con lo que todavía lucha. Pero siente que está aquí para ayudar a todas esas chicas marcadas con estereotipos y que les niegan oportunidades.

Como en toda carrera que se desarrolla fuera de su país, ha habido obstáculos para vencer. "En Asia, ser hispana es una ventaja porque somos pocas. Pero en Estados Unidos es más complejo porque es mayor la competencia y los estándares de belleza cambian; no obstante, mis orígenes siempre han sido motivo de orgullo para mí, que más allá de ser una traba para avanzar, son factores de impulso que me animan a seguir. Quien sabe de dónde viene, no debe sentirse menos que nadie". Este es un mensaje que envía a todas las latinas, no solo del mundo del modelaje, sino de cualquier campo laboral: cuando estén en una entrevista de trabajo tengan claro que son talentosas, no solo caras bonitas, sino mente y corazón también.

Asia extravagante

¡Haber llegado a Asia ha sido muy difícil!, reconoce. Es una experiencia muy distinta a todo lo que ya había vivido. Las comunidades son más cerradas, la gente no se abraza, casi no se tocan.

Y Gema es muy espontánea, llegó a revolucionar su agencia porque les dijo que le gustaba abrazar y tocar a la gente; ya actualmente, dos años después, le saludan con más cariño y naturalidad.

Como hispana que salió de su país, aconseja a sus similares que lo primero que deben saber es que iniciarán una vida de montaña rusa, se trata de una vida de artista y habrá altos y bajos. Es importante también prepararse físicamente, saber de nutrición y conocer tu cuerpo. Pero lo más importante es que te guste lo que haces, ponerle amor y pasión y así todo saldrá perfecto. Todo tendrá sentido.

Hay que saber armar un equipo de gente profesional que te ayude a escalar. Gema lo hizo con sus fotógrafos, maquilladores, estilistas, y otros quienes han sido fundamentales.

El carácter también es determinante. "Debes creer que puedes triunfar, confiar en ti misma y soñar en grande. Pero también cubrir algunos estándares estéticos que exige este mundo del modelaje como medidas, tipo de rostro, estatura y otras características".

Un mundo de lágrimas y sonrisas

La carrera de Gema Zarina ha estado llena de buenos momentos y por supuesto de algunos otros no tan alegres. "Recuerdo que cuando llegué a Nueva York visité muchas agencias hasta que llegó el "sí". Es cuando dices: todo ha valido la pena y mejor todavía cuando me contrataron diciéndome que no solo lo hacían por mi cara sino por mi personalidad. Otro de los logros que me parecía imposible alcanzar era desfilar para el New York Fashion Week.

Cuando por fin me habían confirmado para una pasarela, a último momento me cancelaron pero igual quise asistir. Por estar en el lugar indicado y pese a que no había participado en el desfile que tenía pautado, alguien probó una luz conmigo en la pasarela, me preguntó si era modelo y desde ese momento me incluyeron en los siguientes desfiles. El secreto fue siempre poner mi mejor cara e insistir pese a la negativa de hacía momentos atrás".

Nueva York es una ciudad increíble donde hay oportunidades en cada esquina. Todos los días debes vestirte como la mujer que quieres ser, tomas tu mejor camisa y sales a comerte el mundo. Aunque nadie te esté viendo, debes actuar como lo que quieres ser. El universo sí te está viendo.

En cinco años esta modelo se ve haciendo lo que le gusta.
"Actualmente estoy estudiando actuación, trabajando mi marca personal, produciendo varias cosas al mismo tiempo. Quiero que aquella que me vea pueda tomar algo de inspiración y siga creyendo que puede alcanzar sus sueños. Me veo feliz y como lo que soy: Gema Zarina. Sin perder mi esencia".

"La gente no debe creer en palabras bonitas, sino consultar a personas especializadas".

16- GRACIELA TOSCANO

Aprender es tarea que nunca para

Graciela Toscano Vizcarra es una valiente emprendedora mexicana que ha salido adelante pese a ser madre soltera. Se inició como Agente de Viajes, luego se certificó como Agente de Bienes Raíces y finalmente como Agente Preparador de Impuestos. Es defensora de los derechos de los hispanos y educa para la prevención y denuncia de fraudes.

A las hispanas nos anima a salir adelante sin importar las adversidades, a prepararnos para enfrentar los retos con mayores herramientas y a nunca dejar de creer en nosotras mismas. "Llegué hace 28 años y con mucha lucha, estudiando, aprendiendo nuevo idioma, adaptándome a las leyes de este país y buscando maneras de superación alcancé sentirme en casa. Me tomó tiempo acostumbrarme, pero ya luego de dos o tres años todo comenzó a ser mejor".

De sus experiencias laborales anteriores, conserva valores como la perseverancia de mantener un trabajo de calidad y sostener en el tiempo a clientes que se convierten en amigos. Desde que trabajaba como agente de viajes hasta ahora, sigue teniendo los mismos clientes. Fueron leales y se quedaron con ella, en ocasiones los siente como familia.

Cuando se presentan situaciones inesperadas tanto en su vida personal como laboral, Graciela pone en práctica la paciencia porque se trata de eso, de algo que no esperaba. Siempre trata de tener la mejor actitud para hacer frente a lo que sucede.

La historia de un emprendimiento

Siendo agente de viajes vio la oportunidad de comenzar su propio negocio y surgió Cardinal Travel, pero luego vino una crisis en el 2001 con la caída de las torres gemelas. Ella vivía en Brasil, pero regresó y vendió la agencia. "Lo que sabía hacer en este país era ventas, así que abrí una agencia de bienes raíces con la cual me fue muy bien durante cuatro años. Luego vino otra crisis económica en el país y me tocó volver a reinventarme".

Preocupada por su futuro, decidió volver a estudiar y se especializó en impuestos, así que abrió su propia compañía Graciela Vizcarra BR Inc. "La vida me puso aquí y aquí estoy, con énfasis en la educación de la gente, al respeto del paisano, a decirles cuáles son sus derechos y cómo pueden defenderse en caso de fraude. Esa lucha ha sido mi estandarte y también lo hago desde Casa Guanajuato, de donde soy cofundadora".

Estar en los Estados Unidos también implicó cambiar su esquema de comunicación. El idioma fue de las cosas que más le costó, pero como no había manera de resolverlo sin tener que regresar a la escuela, pues regresó.

Mamá soltera y emprendedora a la vez

Alcanzar sus sueños fue difícil porque cuando se divorció su hija apenas tenía 10 años y el país estaba en crisis inmobiliaria. Debió iniciar un negocio con una adolescente a cuestas con lo complicado de estar entre las juntas de la escuela y ver a sus empleados, clientes y avance del negocio.

Ya luego las cosas se fueron enderezando, pero mientras estás metida sin duda Dios da las fuerzas necesarias. Ser mamá y papá a la vez es un trabajo muy bello. Su hija ya tiene 23 años y su hijo 38.

¿Tuvo vida personal? "¡No tuve vida personal!" Se dedicó a sus hijos y a su trabajo, se abandonó a ellos. Así que pasó a un segundo término, pero ahora se detiene a ver atrás y dice "qué rápido pasó el tiempo, y no hice nada por mí". Pero le queda la satisfacción de haberlo hecho todo por ellos. Luego de los años, es gratificante y todo vale la pena. "Ahora sí es tiempo para mí. Viajé el año pasado y dije, me toca a mí. Nunca voy a parar de aprender".

Hablar de arrepentimientos no entra en las posibilidades de Graciela. No se arrepiente de nada de lo que ha hecho, está contenta y conforme. Es agradecida.

Su trayectoria le lleva a dar ánimo a tantas mujeres que como ella tienen un sueño. "Les digo que crean en ellas mismas y vean a corto plazo su sueño realizado. Todo se puede lograr, pero es necesario ponerse metas e ir avanzando poco a poco hacia ellas. Debes rodearte de gente positiva, aquellas que sumen a tu vida. Además comer bien, practicar ejercicios y motivarte a ser mejor cada día".

Hispanos vulnerables

Graciela se declara defensora de los derechos de los inmigrantes y ha visto como son el sector de la población más vulnerable a estafas y engaños en todas las áreas: trabajo, compras, vivienda y más.

Es muy común que al llegar a este país no sepamos hablar bien inglés y lleguen otras personas con facilidad de comunicación en los dos idiomas y te ofrezcan ayuda pero con intención de engañarte. Han sucedido cosas muy lamentables y delicadas a nivel de fraude a los hispanos que han terminado incluso con la deportación. Así que, producto de la injusticia, Graciela ha preparado conferencias sobre estafas inmobiliarias. "Me satisface mucho informar y prevenir. La gente no debe creer en palabras bonitas, sino consultar a personas especializadas".

Así que latinas, no desistan, sean honestas, siempre manéjense siempre con sentido de superación, sueñen, crean en ustedes mismas, luchen a pesar de los obstáculos, teniendo primero fe en Dios y luego en sí mismas. No hay nada imposible para una mujer. Hay cosas difíciles, pero buscas la manera de resolverlo. Mientras tengas fe, todo es posible. Siempre hay que mantener la ilusión para estar viva.

A futuro más trabajo

Esta trabajadora incansable proyecta su vida en cinco años igual que ahora, trabajando, junto a sus hijos, con sus negocios y viajando un poco más. Ahora sí siente que tiene el derecho. Le hace feliz conocerse en varias facetas de su vida, saber que nadie es indispensable y darle el máximo valor a su familia.

"Al inicio de una nueva vida como inmigrante habrá que hacer sacrificios, pero siempre se puede correr la milla extra".

17- HADA MARÍA MORALES

Una mujer de trabajo

Hada María Morales es una de esas mujeres útiles, buena servidora, atinada en el consejo y franca a la hora de responder una consulta. Es una hispana oriunda de Nicaragua con muchos años en este país donde abre oportunidades de empleo a decenas de personas al día. Trabaja, desde hace más de 16 años, en el Departamento del Trabajo de la Florida. Desde ahí comparte valiosos consejos para conseguir el trabajo adecuado, permanecer en él y escalar posiciones.

Salió de Nicaragua en el año 1978. Llegó a Costa Rica a vivir por ocho años pero siempre sintió, junto a su familia, que no era el lugar para echar raíces. Como su esposo e hijos son ciudadanos americanos, creyó que era el momento de venirse aunque para ella significara un cambio bastante brusco.

"No tenía familia, amigos y tuve que comenzar de cero. Me dediqué al cuidado de mis cuatro hijos, pero también aparté un espacio para mí así que fui a la universidad".

Trabajar con tus habilidades

De su amplia experiencia en el mundo laboral, recomienda que para conseguir el empleo ideal el foco debe estar en las habilidades y conocimientos del que busca. Entiende que el primer trabajo, al llegar como inmigrante, sea lo que sea, lo que caiga, pero no podemos quedarnos y conformarnos ahí por siempre. Hay que tener la mirada y las ganas puestas afuera para alcanzar eso que cada mañana nos motive a salir con entusiasmo a enfrentar un día de trabajo.

Para echar adelante sorteando las dificultades y permanecer en un puesto de trabajo, es clave hacer uso del don de la sabiduría. "Hay que investigar cómo es el territorio donde caíste y hacer como el monito: ver, oír y callar, hasta tanto tener el dominio del espacio".

Para la mujer hispana la mayor oferta de trabajo se relaciona con los servicios, ya sea en tiendas, escuelas, hospitales y hoteles. Pero si la mujer tiene más preparación, las buscan para dar la cara frente a un mostrador de atención al cliente por su naturaleza paciente y agradable. No quiere decir que un puesto de servicio vaya a ser el más bajo. Si ya los papás inmigrantes hicimos de todo para llevar el pan a la casa, tus hijos deben aspirar algo mucho mejor.

Las inmigrantes deben entender que al inicio de su nueva vida habrá que hacer sacrificios, pero siempre se puede correr la milla extra. "Si el sábado es tu día libre, busca alguna certificación por Internet de la profesión que tenías en tu país y hazla.

Estudia inglés o alguna otra cosa que te lleve a aspirar a más. Si eso no sucede desde que llegas, entonces pasarán más de mil años y jamás saldrás de la zona de confort".

Adapta tus documentos profesionales

Hada María aconseja que lo primero que debe hacer una hispana recién llegada es adecuar su resume al estilo americano. Lo siguiente es averiguar en su localidad dónde hay una oficina o compañía que le pueda validar el título. Y lo otro es tener buena actitud. Por ejemplo, si eres odontólogo y conseguiste un empleo como asistente dental, no te quejes y más bien da gracias a Dios porque es lo que te toca en ese momento.

En los Estados Unidos el tiempo es dinero, por ello la base del éxito es ser organizada y fijarse metas, aunque no todas se den. Hay que clasificar lo urgente de lo importante porque a veces nos pasamos el tiempo apagando fuegos y terminamos haciendo nada.

Y por supuesto no podía faltar la importante invitación de hablar inglés. "Aunque sea machucado, hay que hablarlo". Las plazas de trabajo no muestran la misma disponibilidad en todas las ciudades del país. Por ejemplo, Miami es una ciudad que se ha puesto bastante difícil para conseguir empleo porque hay demasiadas personas postulándose a un mismo puesto. Pero no significa que no puedas seguir intentándolo.

Además, el estatus legal es muy importante para postularse a un empleo. Hay opciones como las certificaciones laborales, tipos de visas, y lo más conveniente es consultar con un abogado de inmigración a fin de recibir la adecuada orientación y estar ajustadas a las leyes vigentes.

Para presentar un buen currículo en este país se pueden seguir sencillas recomendaciones, las cuales podrían ser determinantes a la hora de ser seleccionada para el trabajo.

Destaca Hada que debe ser presentado en un buen formato. El empleador siempre querrá ubicarle, así que puedes incluir una red social de fácil acceso; Destaque su experiencia laboral, luego su educación y las certificaciones con las que cuenta; Todo esto en una página, máximo dos.

Cuida tu reputación online

Es un secreto a voces que el empleador va a dar una mirada a las redes sociales cuando evalúa el nombre para otorgar el cargo dentro de una organización. "No sé por qué la gente todavía no entiende que las redes no son un confesionario".

Asimismo, hay ciertos asuntos que no deben quedar al descubierto a la hora de enfrentar una entrevista. "Como hispanas tenemos una personalidad bien definida, hablamos demasiado, gesticulamos más de la cuenta. Así que debemos ser astutas y dar una vuelta antes de ir a la entrevista para ver cómo debo vestir. También debe ser paciente, ser directa y no pecar de hablar más de la cuenta.

Recuerde que el empleador no es su tío, ni su primo, ni su amigo, es una persona que aplica tácticas para saber más de lo que debe saber. No es legal en este país que en una entrevista de trabajo le pregunten al aspirante si tiene hijos o está casada. Una entrevista de trabajo no es un interrogatorio, es un intercambio de información".

La pasión es el mejor ingrediente

¡La pasión es fundamental! Para mí, reconoce Hada, es algo que no debe faltar en la vida de una hispana, cada día me levanto contenta, con ánimo.

Y creo que es lo mejor que le puede pasar a un ser humano, conseguir un nicho donde sentirse pleno. Para esta nicaragüense es mejor ser líder que jefa, también es preferible renunciar a callar una injusticia. Su lema de vida es "trate a los demás como le gusta que le traten".

"La perseverancia es una de mis mayores amigas, no importa qué tan mal se vean las cosas".

18- IRMA BELLO

La creatividad es su arma contra la adversidad

De tantas mexicanas exitosas que viven en los Estados Unidos, cruzamos camino con una muy especial: Irma Bello. Ella, quien ha vivido durante tantos años entre obras de teatro, libros, cuadros, dibujos y hasta producciones de televisión, nos dejó entrar a un rinconcito de su alma, esa que muestra cada vez que actúa o narra.

Es una mujer versátil, talentosa e inteligente. Con astucia y buen tino, ha sabido escalar posiciones en una siempre agitada ciudad como es Nueva York. Lleva siempre el arte consigo, es lo que sabe hacer, es todo cuanto le apasiona. Desde los 15 años da calor a las tablas haciendo teatro, también ha dirigido comerciales de televisión, dibuja por distracción, escribe poesía como ventana sana de expresión y actualmente es narradora de libros en la biblioteca del Congreso de los Estados Unidos.

Estudió Economía en la Universidad Nacional Autónoma de México, pero su vocación por las artes escénicas la regresaron a su centro. Fue así como recibió el título de Licenciada en Teatro y Actuación en el Centro Universitario de Teatro de la misma Universidad.

"La fuerza de mis pasiones me han llevado a descubrir una multitud de caminos que nunca imaginé que estuviera preparada para realizar. He seguido el hilo y me he dejado llevar por mi profesión", confiesa.

Sus primeros pasos

Llegó a los Estados Unidos inicialmente con un contrato de un año, luego de haber trabajado y estudiado con la actriz Carmen Zapata, en la Universidad de California, en Los Ángeles. Lo que más le impresionó, de su nueva ciudad como casa, fueron los medios de transporte en general. "Parecía que venía del año 1800 al ver esos hilitos en el aire que eran puentes colgantes. Ahora me los recorro para arriba y para abajo. También me sorprendió la disciplina cívica en Los Ángeles, allí aprendí a conducir correctamente, eso marcó y afectó mi personalidad".

Adaptación previa

Afortunadamente a Irma no le costó adaptarse al nuevo estilo de vida estadounidense, pues cuenta de que luego de que su padre falleciera, su madre se casó con un americano. Así que esta cultura no le era desconocida. "Conocía sus principios básicos, cómo te ven, qué esperan de ti; pero para Nueva York no te prepara nadie, pude sobrevivir porque sobreviví en México que es una ciudad grande y fuerte que te presenta muchos retos".

Un sueño desde pequeña

Recuerda que cuando tenía cuatro o cinco años de edad, estaba subida en una fuente vacía en un parque en México, llevaba puesto un vestido amarillo -que era su favorito- y creyó ver el cielo desde arriba, sintiéndose poderosa, "y dije ¡wow! quiero siempre estar aquí.

Tengo una tía actriz de nombre Martha Navarro, es una mujer importante que ha hecho cine y me apoyó mucho. Siempre prestó atención a cómo hacía las cosas, si bailaba bien o lo hacía mal. Muy atenta a la expresión artística de su sobrina por lo que me visitaba con frecuencia con artistas para que yo les bailara, y me aplaudían".

Luego entró a la preparatoria y tomó clases de teatro de la escuela pública de México, siendo su primera obra la del escritor mexicano Héctor Mendoza 'Las cosas simples'. Tenía apenas unos 15 años y sentía gran apoyo por la gente de teatro y su padre, además de su tía, quien la invitó a actuar con ella en una obra infantil que se llamaba 'Del centro de la tierra a la luna', donde personificó a un varón. Esto sucedió durante la fundación del teatro Juan Luis de Alarcón. "El teatro fue creciendo en mí como una planta saludable. La creatividad se volvió un arma contra la adversidad".

Pasado el tiempo estudió Economía en la universidad y aunque le fascinó, no lo era todo para ella, por eso un consejero le sugirió regresar al teatro. Así que aplicó para una escuela y entre cientos quedó en un grupo de 16 y finalmente se graduaron 11.

Con muchas historias que contar

Hasta la fecha lleva alrededor de 40 obras. La que más satisfacción le ha dejado es una que escribió consciente de las necesidades sociales de La Gran Manzana y de los hispanos que viven allí. "Siempre estamos atentos y listos para llamar la atención a quienes tienen actos racistas, pero no estamos dispuestos a ver nuestras propias dimensiones racistas heredadas de nuestras culturas.

La obra se llama La Gran Parada. Está llena de personajes donde deposito características racistas, sus actitudes, sus defectos de carácter. Hago conciencia de que hay un problema y lo podemos mejorar sin necesidad de recurrir al drama. Con esa obra me consolidé cómo actriz de comedia. Me encanta hacer y escribir chistes, pero también escribo profundo y oscuro".

Versatilidad

Cuenta también, que en su función de narradora de la biblioteca del Congreso, debe hablar en latín, francés, alemán y hebreo. Por supuesto inglés y español. En ocasiones debe hacer hasta cuatro personajes en una misma narración.

"Este es uno de los trabajos más satisfactorios que he tenido como actriz. Poder narrar libros, expandir mi versatilidad vocal, mis conocimientos, pocos o muchos, mi curiosidad sobre idiomas, ciencia, historia. He tenido que hacer uso de todos los recursos adquiridos en mi vida". Dentro de unos cinco años a Irma le gustaría seguir narrando, y a su vez, seguir sus áreas de desarrollo de creatividad alternativas como es la pintura. Esto sin dejar a un lado su sueño de regresar a México para hacer teatro y cine de la mano de directores mexicanos: Los hispanos somos una mezcla de esperanzas.

"Ahora que estoy en una edad madura me gustaría explorar personajes diferentes, quizás escribir mi propio guion, empezar a hacer cortometrajes con muchas historias que tengo. Quisiera coproducir con alguien, publicar mis cientos de poemas en un libro bilingüe. Me gustaría publicar mis dos novelas".

Más que actitud

Son muchos los consejos que puede brindar esta multifacética mexicana a sus paisanas que como ella quieren triunfar, y es que según su concepto lo importante no es el sueño sino la que sueña. La autovaloración de las decisiones y el presente son muy importantes porque aunque sea muy sencilla, hay una historia que te trajo hasta donde lo elegiste.

"Valora cada episodio de tu vida, desde el peor hasta el mejor y confía en que ese es el camino indicado para ti y que lo que viene adelante puede ser mejor pero nunca peor, porque ya tienes una experiencia. El sueño debe estar acompañado de la soñadora. Y el primer paso es empezar, probar, pedir ese trabajo. Hay que hacerlo con sangre fría, con desparpajo. ¿Qué puede ser peor? Si no se da, serás otra cosa. La perseverancia es una de mis mayores amigas, no importa qué tan mal se vean las cosas".

Rememora lo que una profesora le decía, que el talento no existe solo, el talento es de quien lo trabaja. La capacidad de trabajar en un tema es lo que te vuelve genio, no hay genios por sí solos. "Todo es cuestión de actitud frente a una oportunidad por más sencilla que parezca. Aprovecha lo que tienes sin menospreciar ninguna virtud o don que tengas. Confía en ti misma. Yo siempre quiero crecer, y tengo que darme esa oportunidad".

"La imagen es importante pero no lo es todo.
De nada te sirve
andar bien maquillada o bien vestida, si no te sientes así por dentro".

19- JACKY BARRIOS

De frente a la vida con buena actitud

Una pregunta: ¿Sabes cómo se siente conversar con una amiga de temas comunes, que te apasionan y animan, y que repentinamente veas que el tiempo pasó sin haberte fijado en las manecillas del reloj? Bueno, exactamente esa es la sensación luego de una conversación llena de tantas risas y buen ánimo. Hablé con Jacky Barrios, una comunicadora social oriunda de Guatemala. Además de colegas, compartimos el amor por Dios sobre todas las cosas.

Jacky te asegura un buen mensaje, lleno de fe y esperanza. Es también ver reflejada en su historia, las miles similares que viven las mujeres hispanas en los Estados Unidos. Sentadas en la sala de una casa llamada Internet, sin café ni galletitas, pero sí con la calidez propia que transmite una hispana tranquila y realizada.

Desde hace cinco años conduce una revista sabatina de variedades en Alma Visión TV, una cadena de televisión, radio y revista cristiana de amplia aceptación y audiencia, dentro de la cual también ocupa un cargo directivo.

Un empujón al éxito

Para Jacky sus inicios en este país no fueron tan fáciles como hubiera esperado. "Cualquiera habría pensado que iban a tender una alfombra roja a mis pies, y de hecho así fue, pero para que la limpiara", cuenta ente risas. Quiere, con sus palabras, dar un empujón a tantas hispanas que desean echar hacia adelante. "Sólo basta con creer en lo que Dios ha depositado en ti y ponerlo en práctica".

Nació en la ciudad de Guatemala, estudió Ciencias de la Comunicación, hizo estudio técnico en Mercadeo y Publicidad, y es de las voces más conocidas en su país. Aquí ha sido maestra de ceremonia en eventos como Nuestra Belleza Hispana, Miss Princesita Palm Beach, entre otros de su iglesia y con miles de personas al frente sin que esto le descuadre el temple.

"Mi anhelo siempre fue ser periodista, tuve familiares muy destacados en el oficio empezando por mi abuelo a quien crecí viendo y admirando. Pero no me fui por esa línea de la comunicación porque para ese tiempo era peligroso ser periodista, por ello estudié Publicidad y Mercadeo. Sin embargo, en el tercer año de la carrera decidí completar Ciencias de la Comunicación porque de nada valía ser una mercadóloga realizada pero no contenta". Estar en los medios de comunicación en los Estados Unidos no ha sido fácil, pero la perseverancia, mantener el foco y también preguntarle a Dios qué quiere que haga, hace fácil y probable que alcances las metas porque sabes hacia dónde vas.

Disfruto mi etapa de aprendizaje

Actualmente se encuentra en una etapa de aprendizaje, de bendición, de entender realmente lo que Dios quiere para ella. La disfruta porque es lo que le había pedido al Señor. Son las oraciones contestadas de lo que pidió y lo está viviendo. Trata de disfrutarlo y de no permitir que los desalientos de la vida la tumben. Sigue aprendiendo, nunca para de hacerlo.

Son muchos los momentos en los que ha sentido satisfacción. "Estar detrás de un micrófono, poder hablar y motivar a las personas, llevar una palabra de bendición, impactar a la gente no sólo con tu vida sino con lo que Dios ha depositado en tu corazón, es lo más gratificante. Me doy por satisfecha si al menos una persona es impactada por la palabra de Dios, no importa si el programa es visto por un millón de personas, habrá valido el esfuerzo aunque sea por una".

Más allá de tener cualidades para saborear las mieles del éxito, para Jacky el secreto radica en reconocer lo que Dios ha sembrado en tu vida, los dones y talentos que te ha dado y ponerlos a trabajar. "Es bueno que te pasen una mano por el hombro y te digan 'buen trabajo', tener en cuenta siempre que trabajas para Dios, te sudas la camiseta por él. Y cuando procuras la excelencia das el 100% y de ahí el resto viene por añadidura".

Sí hay algunas cualidades que se deben tener, pero para ella se trata de entender para qué Dios te mandó a la tierra. Cuando entiendes eso viene lo demás. Siempre dice que no trabaja, porque si lo viera como trabajo no lo disfrutaría. Para bendición suya hace lo que le gusta y de paso le pagan.

Si hasta el momento no has encontrado el propósito, pídele a Dios que ilumine tus ideas. No hay nada en la tierra que no tenga un propósito dado por Su mano.

En cuanto a la importancia de la imagen, la cree importante especialmente para quienes trabajan en medios de comunicación. "Tenemos que 'andar producidos' (risas) y aunque trabajemos en radio debemos mantenernos bien porque hay gente que nos quiere conocer".

La imagen es importante pero no lo es todo. De nada te sirve andar bien maquillada o bien vestida, si no te sientes así por dentro. Lo del interior es lo que vas a reflejar así no tengas la mejor ropa, peinado o maquillaje. Reflejamos cómo nos sentimos.

Lo realmente importante es entender para qué estás en los medios. ¿Acaso solo quieres vender tu imagen o quieres dejar un legado en la audiencia? Si estás estudiando esta carrera, pregúntate para que quieres estar en los medios, para impactar a las personas con un mensaje positivo o solo quieres entretener. Puedes hacerlo pero eso se acaba. Es preferible que te sigan por lo que tienes dentro y digan: Ah, y de paso es bella. Es peor que te digan que eres bella pero sin nada en la cabeza. ¿Quieres dejar un legado en los medios o serás un cometa que estuvo ahí y se fue?

De lo pequeño a lo grande

¡Con muchos nervios! Así recuerda Jacky sus primeros pasos por la TV hispana en los Estados Unidos, pese a contar con horas frente a las cámaras en su natal Guatemala. "Aquí no se me abrieron tantas puertas como a otros compañeros. Antes de llegar donde Dios me tiene ahora tuve que pasar muchas cosas, por ejemplo trabajar en un restaurante como mesera.

Y ahora digo que fue una bendición porque puedes tener la certeza que es una etapa de transición. Luego al llegar a los medios me invadían muchas emociones, porque en mi país ya era reconocida y aquí me tocó comenzar de nuevo. Se trata de perseverar y mantener una buena actitud. Decir: lo vamos a lograr".

Pertenecer al staff de Alma Visión es un honor, ya que comenzó grabando un top-top de 10 canciones más pedidas en la semana y terminó desarrollando un proyecto junto al director que la llevó a la pantalla de la televisión. "Hubo gente que oró mucho para que se abrieran las puertas".

Al mismo tiempo de la TV, Jacky se desarrolla en radio los sábados. "Ya llevamos cinco años con este proyecto y la gente lo quiere. A veces sucede que te aman o te rechazan. Pero en nuestro caso nunca ha habido una llamada negativa".

De sueños, muchos. Siempre se vio como comunicadora para poder impactar la vida de las personas, pero sabe que Dios tenía este plan para ella. Vino a los EEUU y Él ha abierto puertas. Vive el día a día dando gracias.

En cinco años se ve dirigiendo un medio grande, que siga llegando y se puedan hacer cosas nuevas, programas creativos para Dios. Quiere cambiar esa mentalidad de la gente y romper paradigmas del latino en Estados Unidos; que no nos vean como menos. Quien viene a prosperar, que ha estudiado, se esfuerza y aporta es un latino valioso. "Quiero seguir aquí y en familia. Crecer no solo intelectualmente, espiritualmente, sino como persona. Ser mejor cada día".

Perseverar en Dios

Soy una mujer que confía y ama a Dios, guerrera, incansable, perseverante, cuando me propongo algo que Dios me ha puesto voy hacia ello. Soy feliz.

A la mujer hispana le digo que nunca se rindan, no se limiten. Primero entrega tus metas a Dios y dile: Señor, esto es lo que realmente quiero para mi vida. No será fácil, no andarás sobre algodones, pero la perseverancia te ayudará. No tengas miedo. Que las situaciones difíciles te fortalecerán.

"Nuestros propósitos afectan a las siguientes generaciones, y yo quiero cumplir el mío para no afectar el destino de otros".

20- JULIANA LOAIZA

La pasión mueve su vida

Juliana Loaiza es una emprendedora colombiana cuyo título universitario la certifica como Ingeniero de Sistemas, pero desde hace unos ocho años se desarrolla profesionalmente en comunicaciones y relaciones públicas. Le encanta conocer gente y dedica sus días a impactar positivamente a mujeres en Estados Unidos, Colombia y Venezuela a través de su revista EVA Magazine, conferencias y su fundación. Se considera además una mujer muy apasionada. "Siempre le pregunto a mis amigos cómo me ven y la pasión es lo que me caracteriza".

Define a EVA como Equilibrada, Valiosa y Atractiva, orden correcto de las virtudes a seguir para hacer frente al estándar que el mundo propone. Es por ello que la Fundación Mujer EVA nace por la petición de la gente a partir de la revista.

Aunque ya tenía suficiente con manejar una empresa, Juliana recibía peticiones de personas que querían trabajar, ser voluntarios. En ella tienen como objetivo educar a la mujer, buscando que cumpla sus sueños, sus propósitos, para ayudar a las siguientes generaciones.

Identidad femenina

Asegura que, en un 90%, una de las principales amenazas que enfrenta la mujer de hoy para alcanzar sus sueños, es la falta de identidad. "Somos un imán para las personas equivocadas, porque la gran mayoría de los latinos venimos de hogares disfuncionales donde falta el padre, la madre o alguna de las figuras importantes. Cuando mi identidad está bien definida no permitiré maltratos, ni que lo negativo entre a mi vida".

Además entendió que las mujeres jamás podrán ser superiores a los hombres: somos iguales pero con diferentes roles y funciones, y aunque nos cueste entenderlo, la mujer es un complemento maravilloso para el hombre porque fuimos creadas para eso. Somos iguales y no debo sentirme menos por eso.

Disciplina a tiempo

Entre sus enseñanzas, le gustaría que las niñas de hoy tuvieran un poco de la disciplina antigua, no de agresión pero sí de un 'no' a tiempo, considerando que las muchachas de hoy vienen con un chip de educación avanzado, pero deben entender que con disciplina, identidad y talentos es que pueden salir adelante.

Siendo vocera de xxxlibre.com, considera que lo más duro que le ha tocado vivir es la pornografía como un tabú.

"Parece que ya a la gente no le da miedo decir que tiene un problema con las drogas o el alcohol, pero no se atreven a decir que tienen un adicción a la pornografía o un problema referido a la sexualidad.

A la gente le da miedo pedir ayuda, pero aunque es grave lo podemos hablar y tiene solución". Alterna su servicio desinteresado con la campaña #NoMásSilencio, con la cual abarca el tema del maltrato, el feminicidio y la pornografía, para decirle a la mujer: no te calles si tienes problemas, si tienes adicciones o si tienes inconvenientes sexuales.

Dios como pilar

Uno de los sueños actuales de Juliana es casarse, llevar la fundación y la revista a otro nivel y a otros países de Latinoamérica, escribir un libro, entre otros tantos que los tiene apuntados con tinta indeleble, guiada por la gracia de Dios. "Hay una parte que me toca a mí y otra que le toca a Dios, por eso estoy consciente de que su gracia siempre ha estado presente y me ha llevado a cumplir mis sueños".

Quiere dejar como legado que las personas entiendan que nuestros propósitos afectan a las siguientes generaciones. *Por eso no cambiaría nada, ni siquiera los errores. De ellos aprendí a ser quien soy hoy".*

"No te rindas, sigue adelante. Si ya tienes el No, ve por el Sí".

21- KARLA AMEZOLA

Defensora del valor de la mujer

De presentadora de noticias a conductora de Uber, es el título de varios medios de comunicación cuando refieren el trabajo que ha desempeñado durante los últimos meses del año 2018 la periodista mexicana Karla Amezola, luego de ser despedida de Estrella TV en Los Ángeles por denunciar acoso sexual de su exjefe.

Y aunque resulta curioso y hasta chistoso el enfoque del titular, es una historia digna de contar porque seguramente cientos de mujeres verán su reflejo como espejo y más aún, sentirse inspiradas a salir de la situación que viven. Karla, luego de digerir el duro episodio que le ha tocado vivir por tener el coraje de denunciar aquello que no estuvo bien, ahora se toma la vida con tranquilidad, ocupada en cubrir sus pendientes mientras sana su mente y corazón con miras a retomar la senda de su verdadera pasión: El periodismo.

Estudió para convertirse en profesional en San Diego, California, y posteriormente tuvo la oportunidad de trabajar en Telemundo, Univisión y Estrella TV, entre otras. Ganó un premio Golden Mike Award en 2014 y ese mismo año fue nominada al Emmy. En 2016 repitió con el galardón del Golden Mike por un reportaje denominado 'Colombia Realismo Mágico', en el que muestra la bondad de la tierra del café y las dificultades que enfrentan las mujeres por la guerrilla en la Selva del Chocó; en 2017 se hizo acreedora del Emmy por su reportaje 'Atrapados en la Frontera' realizado en Tijuana, México.

Sin complejos

Se define como una mujer trabajadora, una persona alegre y a diferencia de lo que se puede pensar, "no soy tan extrovertida". No le gusta complicarse, así que cuando tiene un problema piensa en soluciones rápidamente. Y es que desde que estaba pequeña le encantaba escribir poesía, tanto así que llegó a concursar en primaria y en la secundaria. Ya un poco más grande tuvo una columna en un periódico virtual y a la par un programa de radio en Tijuana.

Son muchas las anécdotas que puede acumular una periodista en su andar como reportera. Una en particular que recuerda es que estando en Uniradio, en medio de su primer enlace telefónico, se puso tan nerviosa que habló sin sentido al punto de sentir que el tiempo se hizo eterno. Era una práctica de reportar en vivo vía telefónica y pensó "no sirvo para esto. Me sentí mal físicamente, estaba mareada, veía estrellitas, se me taparon los oídos. Fue como un ataque de pánico. Un día después quise renunciar pero mi jefe me dio otra oportunidad y me mandó casi de inmediato a hacer televisión en vivo. Fue un gran aprendizaje, así que dije: Esto no me vuelve a pasar".

La pasión de informar

Esta aguerrida periodista aprende algo nuevo a diario, y lucha por ser la voz de los que no son escuchados. Es así como en el año 2014 hizo un reportaje al sur de Ecuador, con personas de una comunidad que padece Síndrome de Aron (un tipo de enanismo). "Estos ecuatorianos prestaron sus cuerpos a la ciencia y se están realizando estudios. Sin embargo, con todo y lo interesante del tema, estas personas no querían hablar conmigo. Me dijeron: nosotros aportamos a la ciencia, pero por nosotros nadie hace nada. Vivían con graves problemas e injusticias. Nadie los estaba ayudando, les habían quitado las medicinas para poder crecer. Y bueno, aunque parecía idealista, quise generar algún cambio para esa gente con mi reportaje. Logré que un joven de 16 años recibiera obsequios y una carta de su ídolo el futbolista Lionel Messi. Tuve que defender el reportaje tal y como yo lo quería contar".

Una labor premiada

Haber recibido el Emmy y dos veces el Micrófono de Oro, ha significado mucho para esta mexicana, quien empezó a abrirse camino dentro de Estrella TV, un canal relativamente nuevo en noticias. Comenzó a competir con su trabajo y no le fue fácil entrar en el mar de canales con experiencia, nombres, concursar en inglés y en español, por eso haber ganado le daba mucha satisfacción y orgullo. "Concursar era mi manera de decirle y demostrarle a mi exjefe que mi trabajo vale".

Valentía

Revelar su historia de acoso sexual la hizo ver como una mujer valiente, aunque para ella sigue siendo una situación muy difícil. En un principio sabía lo que pasaría, entre ellas perder el empleo, incluso personas cercanas quisieron alejarse para evitar problemas.

"He tenido que aprender una lección fuerte. Trato de estar informada de todo el tema porque cada día surgen datos nuevos. Nunca imaginé verme en esta situación, tener que hablar de esto, pero es una responsabilidad porque sucede en muchos lugares. Ahora me siento mejor y veo que hay muchas mujeres que han pasado y siguen pasando por lo mismo que yo". Considera que lo sucedido habla peor de la empresa que de ella, ya que al momento que la despidieron -alegando que no cumplía los estándares de calidad exigidos para sus periodistas- a los pocos meses ganó un Emmy.

Esta lección le dejó como enseñanza que no tenemos que rendirnos, que trabajo es trabajo. "No hay por qué sentir vergüenza. Cuando comencé a trabajar en Uber había quienes me decían: ¿Qué, en Uber? Y yo realmente no le tengo miedo al trabajo porque fue lo que me enseñaron desde pequeña. Realmente vergonzoso sería no trabajar y robar. Esto es un trabajo temporal mientras reorganizo mi vida y sigo el camino hacia mis metas. Pero necesitaba pagar mis cuentas y Uber fue lo más inmediato. Igual es un espacio para refrescar la mente y volver al oficio con el alma más sana. Cuando vivía en Tijuana también trabajé en otras cosas, así que por haber salido de un trabajo no tenía por qué avergonzarme de ser taxista.

Haber sido despedida no me define como profesional ni como persona".

Volver a los medios

Su meta es volver a las pantallas, porque para esta comunicadora significaría dar un mensaje a todas esas mujeres que están sufriendo lo que ella sufrió y decirles: puedo volver limpia porque no hice nada. Tienes derecho a seguir y triunfar en tu trabajo.

Un antes y después

Para Karla, México significa "mi familia, mi idioma, mi gente, el lugar a donde pertenezco. Y pese a que vivo a cientos de kilómetros, es una bendición poder estar tan cerca de Tijuana y poder ir hasta cada 2 semanas".

Aconseja a las hispanas que no se rindan, que sigan adelante. Si ya tienes el No, ve por el Sí. Trabaja por lo que quieres y siempre con un plan B.

"Si fallas no importa. Hay que levantarse y seguir adelante".

22- KATHY JIMÉNEZ

Superación calculada desde un libro de contabilidad

Ejecutiva y especialista en impuestos y contabilidad, además dueña de dos oficinas de la cadena Daniel Ahart Tax Service, es Kathy Jiménez, una venezolana muy, pero muy trabajadora.

Con estudios constantes en su área profesional y una fuerza de superación que la empuja desde el corazón, Kathy es bien sabida en los temas de gerencia y marketing, es coach certificada en ventas, negocios, franquicias, especialista en impuestos personales y corporativos, y también en resolución de asuntos tributarios desde el programa Quickbooks.

Hora de emigrar

Van 18 años desde que Kathy y su esposo decidieron echar raíces en los Estados Unidos. "Vengo de Venezuela y ya estoy establecida. Me casé con un venezolano-americano que ya vivía aquí y por eso decidimos quedarnos a formar familia. Llegamos al estado de la Florida y a los tres meses viajamos a Alpharetta, Georgia, porque mi esposo trabajaría en CNN".

Antes de emigrar a los Estados Unidos, Kathy estudiaba y trabajaba al mismo tiempo. Cursaba la especialidad de Gerencia Integral de Mercadeo y trabajaba en una empresa trasnacional llamada Warner Lambert donde se desempeñó en diferentes áreas como recursos humanos, tesorería y logística. Después de que la empresa cesó operaciones en Venezuela, trabajó como consultora de franquicias con la Asociación de Franquicias de Venezuela.

Emprender con buen soporte

Las oficinas de Kathy son una franquicia de Daniel Ahart Tax Service; aventura que decidió asumir por tratarse de un negocio que tuviera soporte. "Las franquicias ofrecen esa ventaja porque ya hay un sistema, manuales de procedimiento y otros recursos probados que facilitan cómo hacer un negocio aquí. De Daniel Ahart Tax Service hay más de 26 oficinas en varias ciudades de Georgia, y mías son dos".

No le fue complicado emprender en su área profesional porque la presentación de los estados financieros es igual tanto en los países latinos como en Estados Unidos. Responden a normas internacionales de contabilidad y las ha estudiado durante muchos años con la ley tributaria de EEUU en la mano y además se ha certificado en el sistema contable para los clientes. Estudiar es clave.

Esta venezolana trabaja con impuestos personales y corporativos, incorporaciones de empresas en el área tributaria que les corresponde, nómina, entrenamiento y soporte con QuickBooks, resolución de deudas, apoyo en préstamos para viviendas, seguros para vehículo, Obamacare, entre otros. "Estoy rodeada de un grupo de profesionales especializados según su área para ofrecer un servicio integral".

Reforma fiscal positiva

La reforma fiscal firmada por el presidente Trump a finales del año 2017 tiene sus aspectos positivos. "Se han realizado cambios en las tasas impositivas individuales y corporativas. Asimismo, las deducciones estándar aumentaron. Por ejemplo, cuando presentamos nuestros impuestos, hay unas deducciones estándar que nos permiten disminuir lo que nos corresponde pagar. En el 2017, la deducción para personas casadas era de $12,700. Para el 2018 fue de $24,000. El aspecto más importante de esta reforma es en la parte corporativa ya que se redujeron de 35% a 21%. El impuesto mínimo alternativo para las corporaciones ha sido descartado por completo".

También se favorecen los pequeños negocios, aquellos que son de paso con rebaja del 20%. Esto significa que el Gobierno a través de la reforma, va a monitorear la inflación; por eso esperamos que sea positiva. Esta ley aplica para los impuestos del 2018, es decir, veremos los beneficios en el primer trimestre del 2019. Aquellos que declararon hasta el 15 de abril de 2017 no se afectaron.

Con miras al año 2019

Kathy advierte que para enfrentar un buen año 2019 se deben tomar medidas para estar preparados. Yo recomendaría a quienes tienen la inquietud de emprender un negocio que se incorporen según su estado y les favorecerá en su declaración tributaria. Hay que recordar que muchos de los 'taxes' corporativos se pagarán a través de los personales.

En materia de emprendimiento, la especialista afirma que sí se puede abrir un negocio aunque no se cuenten con papeles de inmigración.

El IRS (Oficina de Rentas Internas de EE.UU.) facilita la tramitación del número de identificación personal del contribuyente, que se conoce en inglés como ITIN, que es un número del que pueden disponer las personas sin estado migratorio para declarar sus impuestos. Una vez que se tiene, se puede abrir un negocio.

Y aunque siempre habrá obstáculos para una emprendedora, sin condiciones al 100%, sí cree que hay espacios para emprender un buen negocio. ¡Ánimo!

Planes a futuro

Hay metas a corto, mediano y largo plazo. Kathy se plantea crecer anualmente un 20% en su negocio, económicamente y en servicios. Los cambios son muchos y muy rápidos, así que va adaptándose progresivamente. Busca usar más las redes sociales y facilitar la automatización de los impuestos tal vez a través de aplicaciones. A las hispanas dice que nada es imposible, el cielo es el límite. "Piensen en qué quieren hacer, establezcan un pequeño plan de acción, con objetivos a corto, mediano y largo plazo".

Las acciones se deben ir tomando progresivamente. Y lo que aconsejo es asesorarse bien, con expertos en el área contable, también abogados. Apoyarse en sitios que den soporte a nuestras mujeres que quieren emprender es fundamental. Es imprescindible implementar estrategias de marketing.

La perseverancia también es clave. Hay para todos. ¡Hay mercado para todos! Si fallas no importa. Hay que levantarse y seguir adelante. "Yo tuve que pasar muchos obstáculos financieros y de diversas naturalezas. Pero no se detengan, hagan sus sueños realidad".

"Lo más importante es comprometerte contigo misma, con tus planes y aquello que dices".

23- KATHY TAHHAN

Mi vida es un constante aprendizaje

Con 19 años en los Estados Unidos, Katty Tahhan se presenta como una mujer de sueños, sencilla y con fino enfoque en sus objetivos como profesional, mamá y esposa. Nació en Venezuela y, como muchas coterráneas, emigró a suelo americano en búsqueda de nuevas oportunidades laborales y para vivir la vida con una perspectiva de mayor seguridad. "Me vine el 6 de diciembre de 1998, era tiempo de elecciones presidenciales, cuando Chávez llegó al poder. Decidí salir de mi país por una amenaza del propio Chávez: Cuando sea presidente tú no estarás más en este canal", amenazó.

Katty se graduó en Ciencias de la Salud en su país, pero en EEUU ingresó a la universidad y se licenció en Comunicación Social. Hoy es directora y fundadora del magazine Alta Esfera en la ciudad de Miami.

Glamorosa y siempre atenta a los últimos acontecimientos del espectáculo, su vida transcurre entre artistas. Se autodefine como un ser humano súper optimista, que trata siempre de estar alegre y motivada a hacer las cosas de la mejor manera. Aunque a veces no parezca, es una persona sencilla y cálida con las personas que tiene alrededor. Tiene poco más de 50 años pero se siento de 25 o 30. Vive en el Doral, Florida, donde los venezolanos han hecho comunidad.

Imbuida en los medios impresos

Pese a haber cursado Ciencias Médicas en Venezuela, Kathy es una comunicadora nata, siempre tuvo experiencia en la radio y la TV. "Actualmente estoy imbuida en los medios impresos. La revista circula por el momento solo en Miami, se distribuye en más de 400 puntos y se obtiene de forma gratuita. Nos encuentran en nuestra cuenta de Instagram como @altaesfera.magazine, en Facebook Alta Esfera y en la web www.altaesfera-magazine.com, para contactarnos y pautar publicidad".

Cuando la situación política avizoraba un panorama poco alentador, Kathy decidió, junto a su esposo, tomarse un año sabático. "Cerré mi casa y me vine gracias a una propuesta de trabajo en Telemundo. Llegué a vivir en un apartamento con vista al mar y dije: ¡Wow! Me he estado perdiendo de vivir. En ese momento comprendí que la vida no solo era trabajar, cocinar y estar, sino compartir y disfrutar. Me encantó la experiencia y sentí que era la mejor manera de estar con mi esposo, con quien tengo más de 30 años de casada".

Comenzó a trabajar en televisión y le aterraba cuando veía que los mismos dueños de negocios hacían su publicidad, cuando en su país existía preparación académica para estar frente a la pantalla.

Tuvo la oportunidad de hacer el Noticiero Latino Internacional en una señal local de Miami, con gente muy calificada. Luego empezó a descubrir la pasión por la prensa escrita y participó en el primer periódico de su sector llamado Ciudad Doral, donde escribía una página controversial llamada In and Out, con la que tuvo la oportunidad de conocer mucha gente.

El muy necesario inglés

El idioma es algo que no deja de mencionar como una pelea que debió combatir. Porque aunque su público es latino, es necesario, casi obligatorio, aprender a hablar inglés. Admira a aquellas personas que han aprendido y logrado trabajar en un idioma diferente al suyo, porque sabe que les ha costado.

"Tuve una oferta de trabajo en Atlanta para CNN pero en ese entonces tenía siete meses de embarazo y ya mi esposo había logrado abrir su propio negocio en Miami. Ahí me di cuenta de que a veces el éxito en el trabajo significa abandono de tus seres queridos y eso es un error. Es cuestión de prioridades. No puede anteponerse el éxito personal al de tu familia, no tiene sentido".

Conoce sus límites

Para Kathy la vida tiene límites y bien que los conoce. Todo debe tener un punto de inicio y otro de final; Hay una línea que no se debe traspasar, premisa que aplica para el ámbito personal, laboral y en general de la vida. "Bajo ningún concepto sacrificaría nada de mi familia por algo de trabajo. Por eso soy mi propia jefa en la revista". Y hablando de dificultades, lo más difícil fue dejar un país donde tenía la vida hecha a su medida.

"Yo entrevisté a Chávez y me dijo: cuando yo sea presidente tú no estarás más en este canal. Por eso acepté la propuesta de mi esposo de explorar en otras tierras y él, como es inmigrante sirio, ya tenía la experiencia".

Su vida anterior la hacía sentir plena junto a su familia, amigos, con una carrera creciente. Emigrar fue una decisión visionaria porque eso sucedió hace 20 años, y hoy se da cuenta de que fue lo mejor.

Al llegar, lo más difícil era darse cuenta de que entrar a un medio de comunicación exigía hablar inglés. Pero hubo que comenzar diciendo "lo voy a lograr", siempre con la firme convicción de hacerlo, con objetivos claros. Lo más importante fue comprometerse consigo misma, con sus planes y aquello que predicaba. Confiesa que no es para nada amiga de que le hagan entrevistas y tampoco le gusta escuchar sus propias grabaciones. "Yo soy una persona extrovertida, pero si me preguntas 'quién es Katty' es algo que debo pensar. Porque una cosa es qué te gustaría ser y otra qué eres".

Mujeres hispanas de metas y logros

El papel de la mujer hispana ha sido fundamental en este país aunque se necesiten 21 meses más de trabajo para ganar dinero como un hombre, según información del Nuevo Herald. Sin embargo, hay muchas mujeres que han alcanzado muchísimos logros importantes. Y eso la hace feliz de marcar una pequeña diferencia desde donde está. Y está en Alta Esfera, un proyecto materializado dirigido a las personas que les gusta leer. "Nuestros contenidos son de lujo, son para la gente que viaja, para aquel que disfruta de lo bueno y la buena vida. Es una revista aspiracional y contrario a lo que la gente piensa, que es para personas de alto poder adquisitivo, no es así porque todo el mundo tiene aspiraciones.

Es una lectura fácil pero densa en la proporción. Creo que hemos tenido aceptación por la extensión de la revista, lo cual permite al lector llegar de principio a fin rápidamente".

Aprender de cada quien

Entrevistar a grandes figuras del espectáculo es de las cosas que más le gusta de la carrera que escogió. "Aprendo de cada persona que entrevisto, desde el más famoso hasta el menos famoso. Y de este último aprendo más porque mientras más alto estás es más difícil mirar hacia abajo. En cambio, estando abajo, siendo el más sencillo, ves con más fuerza hacia arriba. Alguien que me ha encantado entrevistar es Chayanne, un ser humano súper sencillo que mira a los ojos y te dedica el tiempo que mereces. Yo creo que es la razón de su éxito. Me pasa algo muy agradable también con Oscar de León, porque su vida ha sido una escalada al éxito".

Le ha tocado madurar y aprender también por estar lejos de su tierra. Extraña a su gente y las fiestas de "cuando éramos una sola Venezuela".

No extraña el país de ahora, porque esa no es su esencia. Todo tiene su parte positiva, porque muchos se han venido a los Estados Unidos y aunque no es tan fácil, pueden compartir.

Así que su experiencia le permite compartir algunos consejos: Primero debes saber lo que quieres hacer, qué te hace feliz; perseverar y trabajar para lograr tus sueños; rodearte de la gente correcta y no tenerle miedo a los retos.

"Me siento satisfecha cuando veo a las personas que han crecido, aquellas que les he dado un empujoncito y ahora las veo súper exitosas, eso a mí me inspira a seguir".

24- KEREN GRANADOS

Ejemplo de motivación y empoderamiento latino

Empoderar a las mujeres latinas e impulsar en unidad a la comunidad hispana en los Estados Unidos, ha sido el norte de Keren Granados, empresaria mexicana que con apenas cinco años anclada en Atlanta-Georgia, ya dirige varias organizaciones para apoyar a inmigrantes con el nacimiento de sus pequeñas empresas.

Realizó una maestría en Administración de Empresas y Finanzas, por ello junto a su esposo, en el 2013, decidió crear una organización para educar y conectar a los propietarios de negocios que llegan con la esperanza de alcanzar el sueño americano. Emprendedores Latinos USA es la base de su emprendimiento, el cual hoy se ha diversificado y ha dado paso a un nuevo concepto para darle vida a BizMujer, con el fin de dar herramientas a las mujeres latinas para lograr el-

éxito en sus negocios. Keren, oriunda del estado mexicano Guanajuato, asegura que su propósito es llegar cada día a muchos más latinos y que se extienda la voz de la unidad de esta comunidad que quiere lograr abrirse de forma exitosa en el ámbito empresarial norteamericano.

Dos proyectos, dos visiones de altura

Sus dos proyectos, son el norte de su vida. Explica que en el caso de Emprendedores Latinos USA, es una organización sin ánimo de lucro, que apoya de distintas maneras al emprendedor, educa, conecta e inspira al latino, dándole las herramientas para poder crecer en este país.

Por su parte, BizMujer se trata de una innovación de la plataforma que ya tenía establecida hace cinco años, la cual denomina Emprendedoras Latinas. Así es como la han promovido y va dirigida para aquellas mujeres que quieren iniciar en un negocio y no saben cómo, o incluso, que ya tienen negocios y quieran promocionarse. "Realmente es para apoyarnos unas a otras en el ámbito profesional, empresarial y de mujer en todas sus facetas. Pueden participar como embajadoras, también tenemos líderes en diferentes áreas a nivel nacional. Básicamente es apoyar este movimiento".

Empoderar es su norte

El fin único de Keren es que todas las latinas sientan orgullo de la cultura a la que pertenecen, de que los latinos nos apoyemos unos con otros, "para crear una voz dentro de este país, en donde somos un poder económico, que no solamente venimos para divertirnos, el caso es poder crecer, dar más apoyo dar trabajos. Eso es lo que más me ha enseñado, en que nosotros los latinos nos podemos unir, crear más alianzas para crecer".

Por ello no pierde pisada en recomendar a las latinas que recién llegan a suelo estadounidense, que deben conocer la cultura en la que la que estamos en ese momento en Estados Unidos, la forma de conducir los negocios, que es totalmente distinto a otros países, siendo una necesidad grandísima el cómo podemos educarnos a crear esos negocios. "Otra necesidad es lograr alianzas estratégicas, no solamente como competencia, sino como de apoyo, porque como se dice en la unión está la fuerza".

Keren destaca que aquellas hispanas que deseen comenzar un negocio, primero que nada deben unirse a una comunidad que las ayude a crecer en distintas maneras, que conozcan más cómo crear un negocio, ya sea nuevo o de algo que ya tienen, pero hacerlo mucho mejor. Teniendo en mente que no se den por vencidas, siempre siguiendo adelante, sin importar qué pase por el camino, siempre con la mirada hacia el nuevo horizonte, tener esa visión.

Asegura que hay infinidad de cosas por aprender, pero enfatiza como lo más importante hacerse experta en la cultura empresarial de este país, en la forma en que los bien sabidos en el tema invierten en sus negocios, es por eso que son exitosos, porque además se promocionan, se apoyan, y eso lo debemos emular.

Cosechando triunfos

Confiesa que por ser una persona muy leal, muy alegre, siempre procura ver lo positivo, lo que hay en la vida para poder seguir adelante. Por eso se siente satisfecha cuando ve a las personas que han crecido, aquellas que les ha dado un empujoncito y ahora ve súper exitosas, eso la inspira a seguir.

En su futuro se ve exitosa, creando una voz mucho más amplia, en la magnitud de poder crecer y crear algo.

Como mexicana, su sueño es poder regresar algún día a su propio país. "Aunque como todo empresario puedes estar virtualmente en tu país; mientras tanto seguimos aquí creciendo, siguiendo nuestro sueño americano".

"Para lograr los sueños hay que accionar".

25- LISETT MORALES

La mulata con sabor a salsa cubana

Esta hermosa cantante y actriz se trajo el sabor del Caribe tatuado en la piel combinado con el ritmo típico de salsa de su Cuba natal. Es Lisett Morales quien nos cuenta cómo luego de llegar a los Estados Unidos le cambió la vida y ahora siente que ha alcanzado su realización.

Desde pequeña ha sido visionaria. Siempre enfocada en sus objetivos. Una vez superados los estudios de cocina en su país, ingresó a una academia de inglés y salir sorteada en una rifa de visas norteamericanas le dio la estocada definitiva a un sueño que apenas comenzaba. Ha grabado discos, es compositora, servidora y actriz. Celia Cruz ha representado una gran bendición en su vida pero su sello personal todavía tiene mucho para dar.

Cuenta con orgullo que se inscribió en un sorteo de visas y salió premiada. "Fue tanta la emoción que leía la correspondencia y la guardaba debajo del colchón, una y otra vez. Claro que debían cumplirse algunas condiciones como tener el dinero y contar un familiar aquí, y gracias a Dios en cuatro meses ya había viajado.

Cuando me fui me puse triste porque dejé a mi madre, las costumbres, mis amigos, mi barrio, pero era una oportunidad para salir adelante y ayudar a mi familia".

Lisett siempre quiso ser chef. La inquietud comenzó en la secundaria porque le gustaba decorar y preparar alimentos, así que comenzó con la carrera y se graduó. Quiso ser dietista pero justo llegó el sorteo de las visas y se vino a Estados Unidos. Llegó a trabajar como pastelera, pero tuvo a su primer hijo y decidió quedarse en casa a cuidarlo. Pero como siempre había cantado desde niña y su esposo era músico, decidieron audicionar para una orquesta y quedaron seleccionados, así comenzó el sueño de ser cantante profesional.

Una mujer normal

Lejos de las luces, el maquillaje y las muchas noches transcurridas en escenarios, Lisett es una mujer normal. "Un día cualquiera comienza levantándonos temprano, desayunamos, llevo a mi hijo de 17 años a la escuela, regreso a casa a hacer ejercicios de vocalización y a desarrollar nuestra corporación de entretenimiento La Mulata del Sabor. Mi rutina se va entre mi hijo, mi casa, mi marido y la música. Sí se puede, pese a que haya gente que diga que no hay tiempo, pero querer es poder".

Contar con 20 años en los Estados Unidos no implica que la lucha por salir adelante disminuya.

"Es bueno tener ambiciones positivas y evolucionar. Si no evolucionas te quedas atrás. Si quiero que el mundo conozca mi música debo trabajar duro, no es fácil pero tampoco imposible. Tengo mucha sed de trabajar, de componer, de cantar. Y creo que tengo una responsabilidad con el público de allá afuera, porque veo que la juventud está un poco descarriada. Quiero contribuir con mi ejemplo, con mi música, con mi vida personal".

Inspirada en Celia Cruz

A Celia siempre la he admirado como mujer y artista. Es para mí una maestra y un ejemplo a seguir. Siempre fue una dama que se supo comportar pese a los problemas que tuvo. Es ejemplo de esposa porque se mantuvo en un mismo matrimonio, y en este medio a una mujer artista no siempre la saben entender. Celia incluso me ha abierto puertas porque he participado en tributos a su música y en obras de su vida, nos revela esta artista cubana.

En el espectáculo no todo es fama y brillo. También existen peligros y riesgos. "En el caso de la música hay muchas tentaciones, pero si estás clara de lo que quieres no vas a caer. Es muy común ver artistas el alcohol, drogas y otras cosas deshonestas, pero si te respetas a ti misma, el resto te va a respetar".

La vida que Lisett escogió también ha implicado sacrificios y si hay algo de lo que se arrepiente es de haber dejado a su mamá. "Siempre pensé que cuando me viniera ella se animaría a visitarme pero es temerosa y no viaja en avión, así que no ha venido. Es lo único de lo que me arrepiento, de todo lo que he dejado de vivir con ella, porque no lo voy a reponer".

Compartir música

Para una artista siempre es un deseo compartir su voz, su talento, con otros grandes de su género musical. Y para Lisett el 2018 fue un año de cumplir un sueño y fue grabar un tema con Magito Rivera, el poeta de la rumba, de quien es muy amiga desde Cuba y a quien admira mucho. "Siempre habíamos hablado de grabar y nunca se había dado. Pero ya se hizo realidad así que grabamos el tema Corazón Rumbero. Hay muchos cantantes con quienes he compartido en tarima, pero grabar me gustaría con Oscar de León, José Alberto 'El Canario' y Gilberto Santa Rosa".

No creo en la suerte

Haber salido sorteada en el bombo de las visas no fue suerte, sino más bien Ley de la Atracción. "Yo me quería ir de Cuba y a los Estados Unidos específicamente, así que me matriculé en una escuela de inglés. Luego aprovechando que la salud en Cuba era gratis me operé de un par de problemas y salí de eso. Hacía dos años había participado en el bombo de las visas, pero hasta el momento no se había dado. Y me decía: ya me iré por otra vía. Mientras, seguía estudiando inglés porque para lograr los sueños hay que accionar. Ahora que quiero viajar por el mundo, no me canso de buscar festivales, y mando y mando promociones".

El futuro también es tema de trabajo en Lisett. Se ve viajando por el mundo dando a conocer su música. "Estamos yendo a cantar los domingos a la iglesia y eso me ha llevado a componer música para Dios también. Porque si El me dio el don, entonces le hago honor. También quiero ayudar a mucha gente que lo necesita". Vive para la música y confiesa que si volviera a nacer, sería cantante nuevamente solo si Dios le regala el don.

"Lo que no haría sería estudiar elaboración de alimentos, y haría caso a mi papá que siempre quiso que yo estudiara música".

Por eso aconseja a la mujer hispana que debe hacer todo cuanto esté a su alcance para cumplir sus sueños. "Si eres nueva en un país debes aprender las reglas de ese lugar, hay que comenzar de cero, como un niño. Debes estudiar inglés y aprovechar las oportunidades que te da el país. No hay excusas para evolucionar. Hay que soñar pero accionar. Debes enfocarte en lo que quieres y mantenerte".

Lo que más extraña Lisett es a su mamá, recuerda irremediablemente las fiestas en familia y tiene como lema de vida: El que persevera triunfa.

"Podrás perder tu dinero, tu casa, un amor, pero nunca pierdas la fe".

26- MARCELA CAÑAL

No parar hasta llegar a más

Marcela Cañal es una mujer templada, firme y a la vez sensible. Llegó desde lo más sur del continente, Argentina le regaló una gran profesional a los Estados Unidos. Hoy esta sureña, orgullosa de acompañar su rutina con hierba mate, abre un espacio en el competitivo mercado de la contabilidad y los impuestos, gracias a su emprendimiento llamado Haz Taxes & Accounting.

Graduada de Contaduría en su país y estudiando su segunda carrera, decidió tomar unas vacaciones hacia Estados Unidos; pero se presentó una oportunidad y decidió quedarse. Así comenzó su nueva vida. "Había algo que me llamaba desde adentro y me decía 'quédate'. Y mira que no tenía nada acá, mi familia, amigos, casa, todo, estaba en Argentina. Pero la oportunidad la tenía frente a mí y total si no funcionaba tomaba otro avión y me devolvía.

Era momento de hacer el gran cambio de mi vida". Luego de trabajar durante muchos años como empleada, regresó de vacaciones a su país y vio un cartel que decía 'Haz'. Sintió que había conseguido el nombre de su empresa porque ya estaba trabajando en un proyecto de negocios. "Abrí sin nada, tenía apenas 600 dólares en el bolsillo y fue el momento de reiniciar mi vida".

Al principio su nicho fue la comunidad hispana porque su idioma natal es el español. Pero no se limitó. Comenzó por personas individuales con aspiraciones de montar su negocio, luego con medianas corporaciones y finalmente, gracias al Networking, entró al mercado anglosajón. "No tengo límites en mi tipo de cliente pero sí tengo una visión holística y me gusta centrarme en la persona primero, a fin de estudiar lo que quiere y llevarlo a su negocio".

Todos tenemos capacidad de organización

No cree que sea cuestión de género cuando de organización se trata, sino de lo que la persona aspira a serlo. "Hay muchos hombres muy ordenados, incluso la mayoría de mis clientes son hombres tal vez por su practicidad. La mujer es más emocional. Pero para mí no hay diferencia, se trata de lo que quiera la persona, es cuestión de interés. Hombres y mujeres tenemos la misma capacidad para ser organizados".

Por eso no existe excusa cuando se trata de estar al día con los impuestos, especialmente en la comunidad hispana. "Es una obligación fundamental y de por vida. Es el documento legal para conservar hasta el último día de tu vida. Porque si te quieres jubilar en este país, los impuestos te sirven de récord para verificar lo que aportaste a esa jubilación o retiro.

Es incluso una herramienta que te puede salvar de una deportación porque prueba residencia, perfil de buen ciudadano y por si quieres pedir un préstamo al banco para casa, auto, comercio y más".

Hablando de sueños, Marcela cree que para las hispanas en Estados Unidos no es difícil alcanzar todo cuanto se propongan. "Todo depende de cómo hagamos las cosas. En mi caso, traía una ventaja y eran las ganas de salir adelante porque en mi equipaje ni siquiera traje ropa, sino ganas de cumplir mis sueños. Emigrar ha sido parte de mi historia familiar, en la que nos ha tocado salir adelante compartiendo nuestra cultura en el lugar donde llegamos".

Los retos en la nueva vida también estuvieron a la orden del día. "Tuve que reconocer y superar el miedo a no confiar en mi misma y en mis potencialidades. Me costó asumir que no soy perfecta, que tengo debilidades y oportunidades".

Luchar siempre con la misma fuerza

Esta sureña reconoce que, comparando el tiempo de su llegada, ahora lucha más. "Porque cuando va pasando el tiempo te das cuenta de varias cosas: ya no soy la misma mujer de 28 años de cuando llegué, no tengo la misma energía y hay cosas que debes aceptar. Ahora trabajo con más pasión en aquella meta que veo más clara. Antes trabajaba con el cuerpo y con el piloto automático, pero ahora quiero ser independiente, pero para llegar a eso hay que trabajar duro todos los días. Sé que tengo más cosas por hacer y a eso voy, no pararé".

Marcela va todos los años de vacaciones a su terruño y afirma que si le tocara volver nuevamente para echar raíces, repetiría lo que le ha dado el éxito.

"En mi país disfrutaría de lo mismo que hago aquí pero en distinto territorio. Siempre regreso a la tierra de donde soy porque es agradecer del lugar donde salí y adonde llegué. En Argentina tengo a mis mejores amigas, a mi familia. Si regresara lo haría agradecida de que la vida me ha permitido ver otros mundos".

Sobre el tema del emprendimiento, reconoce que ser empleada es más fácil que iniciar tu propio negocio, pero también es algo mediocre porque te vuelves alguien automático, cumples y te regresas a casa. Es fácil. Corres el riesgo de no ser alguien mejor.

No obstante, para comenzar y echar a andar una empresa primero hay que sentir un llamado, una noción de que ves en ti una posibilidad de ser emprendedor. También debes saber por qué lo haces, no por qué otros lo hacen, sino tú. Otra de las cosas que le cuesta al hispano es contratar a un contador o preparador de impuestos, porque obligatoriamente necesitas un plan de negocios y si no pides ayuda especializada, puedes desistir.

Crecer es la meta

Su deseo es expandirse de estado y seguir trascendiendo. "Tengo mi firma en Atlanta, pero busco crecer hacia otros lugares. Mi visión es evolucionar rápido y con incidencia por internet, donde el cliente lo pueda hacer todo de manera virtual. Quiero seguir educando y ayudando a la gente, que es mi mayor reto". Para el éxito cree que hay solo una fórmula: Educarte, más nada. Marcela evolucionó porque se la paso estudiando, hace cursos, servicio caritativo donde conoce gente. También hace ejercicios, no mira televisión y no tiene tiempo para decir 'no puedo'. "Me encanta leer, investigar, soy curiosa por naturaleza".

Sumas y restas en su vida actual

Hay que sumar mucho amor, hay que amarse a uno primero, ser tu mejor amiga, y cuando estás bien, das más. Yo evito restar, porque me gusta es sumar. Pero podría restar aquellas personas que no agreguen alegrías a tu vida, que no te ayuden o no te entiendan, y no es por ser mala persona, es poner límites.

La palabra que más me gusta es Fe. Podrás perder tu dinero, tu casa, un amor, pero nunca pierdas la fe. Aunque en realidad nunca pierdes, o ganas o aprendes.

¡La fe mueve montañas y rompe barreras!

> "Busquen personas que llenen los huecos que tienen, a alguien fuerte donde eres débil".

27- MARGARITA EBERLINE

Triunfar mediante el marketing estratégico

Sus ideas van a mil por hora y las expresa con impecable coherencia a medida que avanza la conversación. Y aunque el cerebro le juega confusas pasadas entre las palabras que piensa en inglés y en español, puede más su herencia hispana que la costumbre de desenvolverse en los Estados Unidos.

Es Margarita Eberline, una mexicana por ascendencia que nació en California y vive en Atlanta, Georgia. Es una vida de inspiración como mujer hispana y realizada. Es mamá de cuatro niños pequeños que rondan entre los 4 y 10 años. Es esposa de un hombre paciente y quien le lanza porras en los emprendimientos que se propone. También es cabeza de su empresa 360 Marketing Plus, la cual va en ascenso con valores de integridad y transparencia.

"Soy de ascendencia mexicana, mis padres emigraron antes de que mis hermanos y yo naciéramos. Crecimos en California y tuvimos una infancia muy particular porque vivíamos en un área donde había muchas culturas. Me tocó vivir experiencias con una mezcla intercultural. Soy el resultado de esa educación, porque vengo de hispanos, pero muchas personas americanas me han ayudado incluso con el pago de mi universidad".

Margarita comenzó su carrera en los medios como becaria de la Fundación Emma Bowen mientras asistía a la Universidad de California en Berkeley. La beca fue patrocinada por KNBC en Burbank, California. Como estudiante de UC Berkeley, se especializó en Historia y Retórica mientras perfeccionaba sus habilidades creativas con pasantías de verano en su estación patrocinadora.

Sus días laborales pasan en su empresa de asesoría en marketing, también implementación de estrategias en sitios web, anuncios digitales, campañas, TV, radio, con un trabajo integral entre diseñadores, escritores y demás creativos. "Lo que distingue a mi compañía es que nos enfocamos en la asesoría, no vendemos servicios en sí. Aportamos estrategias para que las empresas puedan crecer y si se necesita algún servicio, ofrecemos un paquete que se adapte a las necesidades del cliente".

El reto de ser latina en Estados Unidos

Antes mi agencia se llamaba Social Margarita, pero era en tono de broma porque la comencé sin saber en lo que se convertiría. Hoy por hoy es 360 Marketing Plus. "Durante la última celebración del día de las madres medité y me puse a pensar en los retos que he tenido como emprendedora.

Y me percaté de que llegué aquí por mis hijos. Soy mamá de niños de 4, 6, 8 y 10 años. Cuando solo tenía mi carrera me formé en un espacio profesional muy competitivo donde había que viajar, pero con la llegada de los niños mis prioridades comenzaron a cambiar, y me molestaba la poca flexibilidad de los trabajos".

Como latina se le hizo difícil atender empresas americanas que no tenían nada que ver con su cultura. Llegó un momento que tenía clientes en todo el sureste del país y hacía negocios por teléfono, pero cuando se conocían en persona notaba que le trataban diferente, miraba en sus ojos un cambio y luego se le hacía difícil lograr un contrato. Su cuenta en Skype es Margie Eberline y su inglés no tiene acento, por eso tal vez creían que era americana.

Manejó cuentas con estaciones de TV, agencias grandes, pero como mujer latina tuvo problemas. "Había creado una carrera que no era compatible con ser mamá. Y entendí lo que estaba pasando. Traté de trabajar para agencias de medios locales, pero no me hallaba porque mi experiencia no compaginaba con las oportunidades que se me abrían. Luego de varios intentos que no funcionaron, me pregunté ¿qué hago? Afortunadamente, unos conocidos me sugirieron que les hiciera marketing mientras atendía a mis hijos. Así que nació Social Margarita 360 Marketing y luego creció más".

Hasta en el cine fue a dar

Cuando Margarita salió de la universidad no tenía un plan definido de para dónde iba su vida, así que consiguió un trabajo en un banco en Beverly Hills y en el mismo edificio trabajaba Christy Haubegger, fundadora de Latina Magazine, quien le inspiraba al punto de que la estudió para conocerla.

Cuando por fin se encontraron, se impresionó mucho de su experiencia e hicieron muy buena química. "Un día me llamó para contarme que la habían contratado para producir una película y me quiso en su equipo de trabajo. Era su asistente, pero también fui una esponja. Aprendí mucho de ella, de todo un poco, aprendí a analizar estadísticas antes de tomar una decisión, de guiones, de visas para artistas, y muchas cosas más. Ese trabajo me cambió la vida porque entendí que debo analizar datos para tomar decisiones y así soy para todo, no sólo para marketing. Se trata de hacer las cosas con menos riesgo. Para ese tiempo tenía alrededor de 22 años".

Ya trabajando en televisión, específicamente en Telemundo, le tocó identificar empresas locales que se parecieran a la marca y ofrecerles la oportunidad de crecer a través de anuncios. También trabajó ayudando en campañas para marcas nacionales.

Creer para disponerse a invertir

El cliente principal en 360 Marketing Plus es aquel que entiende el valor de invertir, es lo primero que la emprendedora busca. Porque hay quienes quieren crecer pero no están dispuestos a invertir, más bien lo ven como un gasto.

También prefiere a clientes que sean honestos con su servicio y además ayuden a los demás con lo que hacen. Por ejemplo, si tuviera que asesorar a una universidad pero ésta cobra más a los hispanos por ignorar cómo es el sistema universitario americano, tendría un problema con eso y probablemente no lo tomaría. Se fija bien en la reputación del cliente, le gusta que sean personas con una pasión por ayudar y no sólo quieran hacer dinero rápido.

Además, para crear una estrategia efectiva primero se debe identificar el estilo de la marca, ver qué hay en su identidad desde el nombre, logo, misión, visión y valores. Es un trabajo en ocasiones engorroso, pero es un buen tiempo invertido y significa evitar rehacer todo a futuro.

Se trata también de ver hasta dónde quiero llegar con lo que tengo y donde estoy. ¿Tienes únicamente 100 dólares en el bolsillo? Está bien, evaluemos hasta dónde llegaríamos con eso y en qué podemos invertirlos efectivamente. Hay que hacer un plan escrito. Porque aunque sepas en tu mente al lugar que quieres llegar, hay una magia en lo que se plasma en un papel.

Amazon para hacer negocios

Lo principal para hacer negocios en Amazon es analizar tus potencialidades para el mercado. Porque puedes, más allá de poner tu tienda en este portal, abrir tu propia página web y vender por ahí. El tráfico de búsqueda da para eso y más. Hay que investigar bien cuáles son los requisitos para ofrecer los productos que tienes en venta y finalmente hacer un plan sencillo para el marketing: descripción e imagen (contando con una buena inversión en fotografía).

Margarita ofrece charlas como experiencia novedosa en su carrera profesional. "Me gustaría hacer más porque estoy en una etapa de mi negocio donde tengo algo de tiempo disponible. Lo que más hago son sesiones de estrategias en empresas de análisis de marcas, donde ofrecemos hojas de ruta para iniciar con lo que realmente se debe, desde el currículo en adelante. Me gustaría asociarme con instituciones sin fines de lucro y ofrecer mis asesorías gratuitas".

En los Estados Unidos, el hispano emprendedor es víctima de muchos que se aprovechan. Por ello le apasiona la posibilidad de educar al hispano y enseñarle cómo debe actuar y qué esperar de una agencia.

"Me siento en una misión para educar donde pueda. Les digo: no firmes, no hagas, no pagues, si no hay garantías del trabajo que harás. Mi meta no es que me contraten, pero sí quiero educar. Porque en cada emprendedor hispano yo veo a mi propia familia, a mis padres, mis tíos, mis primos…"

Sueña con futuro, como toda emprendedora. Quiere expandirse, ofrecer un abanico más amplio de servicios y profundizar en la educación. "En un evento de BizMujer escuché de la empresaria María Ríos que el 30% de mi tiempo debo dedicarlo a educar e involucrarme con la comunidad. Así que voy reestructurando mi agenda para llegar a la meta".

Ya soy hispana realizada

¡Claro que me considero una Hispana Realizada! Porque cuando mis padres me decían los sueños que tenían para mí y veo lo que es mi vida hoy, es lo que ellos querían. Cuando me gradué de la universidad le di mi diploma a mi papá, que es un hombre sencillo y trabaja en construcción. Y aunque ellos no entienden lo que hago, están orgullosos de lo que he logrado. Me veo reflejada en sus ojos y en sus sueños, y eso me hace sentir una hispana realizada.

Aplico los consejos que me han dado mis padres combinados con aquello que me dice la Biblia. Eso me hace amar la vida que llevo. Y aunque a veces es difícil combinar los roles de mamá, esposa y empresaria, se apoya en su fe. "Rezo mucho, Dios sabe que lo necesito desesperadamente.

Tengo un esposo que me apoya, que es mi porrista. No ha sido fácil mantener nuestro matrimonio, nuestra familia, pero hemos luchado juntos. No soy perfecta, he cometido muchos errores. Pero con la fe, Dios me corrige y me hace recapacitar en lo que hago mal".

Aún le faltan muchas cosas por hacer. Por ejemplo ayudar a sus hijos a alcanzar sueños. Su tarea de ser mamá es empujarlos a desarrollarse. Eso le lleva mucho tiempo. Quiere verlos desarrollados y que tomen su buen camino. En materia laboral, aspira crecer más.

Comparte un consejo para las mujeres hispanas: No vayan solas por sus sueños, confíen en sus instintos. Busquen personas que llenen los huecos que tienen, a alguien fuerte donde eres débil. Necesitas en quien confiar, aunque incluso entre propios inmigrantes a veces se hacen daño. Pero no hay que cerrarse hasta encontrar a la persona indicada que te quiera ayudar.

"Queremos promover la solidaridad entre los mismos latinos, porque ciertamente venimos de culturas diferentes pero al final somos una comunidad con intereses similares. Debemos trabajar unidos para salir adelante; es el legado que cada día queremos dejar".

28- MARLHY PATIÑO

Comunicar a Dios de manera entretenida

Si Dios es el timón del barco, la nave llegará a puerto seguro. Lo ha experimentado Marlhy Patiño, una venezolana, soñadora, conversadora y mujer de fe cuya familia ha sido la motivación y su trabajo la pasión que la empuja cada día a dar lo mejor de sus capacidades.

Llegó en el año 2001 a los Estados Unidos con el panorama claro de lo que encontraría: un país ordenado y seguro, pero donde debía comenzar de cero en la senda hacia sus sueños. Y como nada es imposible para el que cree, hoy por hoy es la gerente general de Vida Atlanta 1010AM y 102.1FM, una estación de principios cristianos donde la música y el entretenimiento son las herramientas para llevar un mensaje positivo, educativo y edificante.

Inició desde cero

Para esta comunicadora, quien se considera aventurera, Estados Unidos le ha gustado desde niña por lo ordenado y seguro. "El futuro en mi país no pintaba muy prometedor y decidí mirar hacia otros horizontes. Sabía que debía comenzar de cero y por tener a mi hermana viviendo acá, no fue tan difícil. Aunque sabía que debía abrirme camino por mí misma", rememora.

A raíz de esta decisión, a su esposo, quien es músico y siempre ha estado involucrado en la producción de eventos y el entretenimiento, le surgió la idea de abrir la estación de radio que hoy dirige. "Para ese momento no sabía nada de radio, pero me tocó asumir el reto y aprender, porque además este estilo de radio siempre había sido liderada por pastores y nosotros no lo éramos. Nuestra propuesta era ofrecer un contenido fresco, positivo, edificante, y no había mucho de ese tipo de emisoras, porque entretener así no es fácil. No teníamos los mismos estilos de llevar el mensaje".

Es así como fomentó la idea de brindarle a la comunidad latina una alternativa de mantenerse entretenida de una manera sana, promoviendo las oportunidades que tiene este estado para educar a la gente y a su vez también llevar la bandera de la solidaridad entre los mismos latinos, con el fin trabajar unidos para salir adelante. "Es el legado que cada día queremos dejar", afirma.

Comunicando con Dios

Esta experiencia le hizo entender que el mensaje principal a difundir por esa emisora radial era el de Dios, a través de un buen entretenimiento, palabras divertidas y de la música, considerando que la familia ha sido fundamental porque su esposo es músico y ese recurso está muy cerca de ella, "nos ha ayudado a levantarnos y seguir adelante. Tener a Dios es contar con una fuente de paz, es tener la herramienta justa para tomar las mejores decisiones". Es por ello que con la frecuencia 1010AM llegan a casi 96 condados del estado de Georgia.

Empoderamiento femenino

Marlhy asegura que aunque las mujeres tenemos gran valor, se ha desviado un poco el tema de la liberación femenina y los derechos de la mujer, confundiéndose el término. "Nos hemos hecho presas de otras exigencias, ahora queremos ser súpermujeres, perfectas, y eso no existe. La felicidad es el equilibrio".

La preparación es el éxito

Una de las recomendaciones que hace Marlhy a las hispanas que pisan tierra estadounidense es que se preparen, que estudien, que aprendan inglés, para ser mejor que sí mismas, a fin de lograr las herramientas y la seguridad de dar pasos seguros. "Sé la mejor en lo que quieras, no importa el oficio".

"La vida se trata de tener claros los objetivos y así puedas desarrollar tus planes".

29- MARICIELO FULLER

Con los objetivos claros se alcanzan las metas

Disciplinada en su oficio, conversadora innata y estudiosa porque se reconoce esponja que absorbe conocimientos, les presento a Maricielo Fuller, una paisana con habilidades para las comunicaciones que se ha granjeado el éxito en los Estados Unidos a fuerza de trabajo, preparación y constancia.

Esta colombiana llegada a suelo americano hace 13 años, infunde pasión y estrategia a todo cuanto emprende en el campo laboral. Es relacionista pública, le encanta contactar con personas y aliarse para crecer cada día más, tanto así, que es referencia para la comunidad latina en Atlanta, Georgia, donde reside desde hace al menos 11 años. A Chelo, como la llaman es sus espacios de confianza, la conocí durante la organización de un evento benéfico impulsado por la Fundación Colombianitos.

Es contagiante su ritmo y estilo de trabajo, porque además imprime un carácter social a todo cuanto hace. Es cabeza de Fuller Community & PR, una agencia de asesoría de comunicación, programas corporativos de responsabilidad social y relaciones públicas.

Su vida, con toda seguridad, será inspiración para tantas quienes inician su andar profesional en este país.

Apasionada de la responsabilidad social

Maricielo llegó hace 13 años desde Colombia a Texas. Allí vivió dos años y luego viajó a Atlanta. Por su experiencia en una multinacional con sede en España, le apasionó el tema de la responsabilidad social empresarial desde su cargo en relaciones públicas, porque básicamente se trataba de impactar positivamente las comunidades donde se desarrolla un proyecto. Trataban aspectos de educación, cultura y medio ambiente.

Al pisar suelo estadounidense, vio una ventana ideal por su profesión, lo que le llevó abrir Fuller Community & PR. Hace apenas unos años, luego de dedicar un tiempo a su rol de mamá y estar conectada con su vida familiar, decidió volver a trabajar.

Comenzar como voluntaria

Como buena observadora, Maricielo se percató que para la comunidad latina en Atlanta el tema de las relaciones públicas no era una fortaleza, que la inversión en marketing se estaba haciendo por la vía y con las herramientas tradicionales. Había que innovar.

"Mis conocimientos y experiencia podían servir para que empresas pudieran tener impacto.

Hice mucho networking buscando relacionarme estratégicamente con personas de mi área profesional; porque en la vida se trata de tener claros los objetivos y así puedas desarrollar tus planes".

Comenzó a trabajar como voluntaria en la organización Emprendedores Latinos USA. Allí conoció a mucha gente, incluso quien hoy es su socia en Octogroup, y a personas que en la actualidad son sus clientes.

Branding desde pequeños

Toda compañía, sin importar si es pequeña o grande, necesita planeación estratégica en sus comunicaciones internas (trabajadores) y externas (clientes); manejar una política de relaciones públicas, identidad, cultura organizacional, misión, visión, valores, imagen, reputación y objetivos de adónde quieres llegar. Y con un presupuesto pequeño pero bien invertido, puedes alcanzar un gran impacto entre tu público meta.

Hay que tener visión láser para alcanzar el beneficio adecuado, por eso recomienda plasmar en papel una matriz FODA, con tus fortalezas, oportunidades, debilidades y amenazas; incluyendo indicadores de resultados y así medir si al cabo de un tiempo es necesario redirigir las estrategias.

Así la empresa nazca y se desarrolle en una casa, considera necesario contratar el servicio de alguien que conozca de comunicaciones y ofrezca un pequeño entrenamiento. El libro Productivity Project de Chris Bailey, es ideal para consultar a la hora de hacer el plan de acción.

Relaciones que ayudan a crecer

Las relaciones públicas buscan la lealtad de los clientes existentes pero también busca a quienes todavía no conocen tu marca. Es importante por eso desarrollar la planificación, incluso tomar en cuenta a tus empleados porque ellos deben conocer los valores de la organización.

Gracias a esta área profesional se pueden hacer eventos, relanzamientos de empresas en su aniversario, relaciones con los medios de comunicación y alcanzar mayor difusión si conviertes un hecho en noticia interesante para ser publicada en los periódicos o difundida en la radio y la televisión. Y ni hablar de las redes sociales, cuyas plataformas han dado un giro a la manera de trabajar las Relaciones Públicas. Con estas herramientas, llegas a mucha gente con poco presupuesto.

Un balance para el éxito

Alcanzar el éxito no responde a una receta mágica. Para algunos será un balance entre su vida laboral y familiar, otras será solo laboral; pero ciertamente Maricielo cree que el éxito se alcanza teniendo claro el objetivo final y desarrollando planes de acción. Muchas veces nos quedamos en el deseo sin alcanzarlo.

"Recomiendo buscar mentores, personas que ya han caminado tu camino, porque de ellos podemos tomar y explorar. Consejo: sueña en grande, nada es imposible, te puede tomar años, pero con enfoque lo puedes lograr; necesitarás experiencia, pasión y preparación. Ve a una biblioteca y lee, busca todo cuanto te apasiona. Consulta internet, no hay excusas para no conocer lo que te gusta. ¡Tú puedes hacerlo!"

También hay que educarse para tener una vida financiera responsable. En este país cada centavo es muy importante para invertirlo o ahorrarlo. "Y las mujeres tendemos mucho a gastarlo. Somos un peligro".

El éxito se trata de encontrar un balance entre la vida familiar, espiritual, laboral, cuidarte físicamente. El esfuerzo está allí, pero también es válido fallar en cualquier área de tu vida. No pasa nada.

Mapa de relaciones

Dicen por ahí que es mejor tener mil amigos que mil dólares. Por eso Maricielo recomienda hacer un "mapa de relaciones" según el mercado que desees alcanzar. ¿Cuál es mi objetivo con este grupo y esta persona? Escribirlo es súper valioso, se vuelve tangible.

"Debemos ser muy estratégicas, porque de lo contrario la vida pasa y nunca vas a conseguir lo que quieres. A veces hay golpes de suerte, pero eso es solo el 5%, el restante es trabajo duro, preparación, trabajo y más trabajo. Hay quienes me dicen que yo solo me divierto porque voy a galas y cocteles. Pero detrás hay un gran trabajo de seguimiento y contactos".

Un lema de esfuerzo

El lema de vida de esta colombiana es siempre seguir adelante, esforzarse, no rendirse jamás. Todos tenemos bajas en nuestra vida, períodos difíciles. Pero si tienes claro lo que quieres, hazlo. Inténtalo, no te dejes vencer. A la mujer hispana aconseja tener claros sus objetivos, prepararse mucho, ser esponja para atrapar información relacionada con su área. "Ve a eventos de networking. No es sólo ir y conversar, investiga de qué es el encuentro, quiénes van y qué quieres sacar. Lo que habla por ti es el trabajo que haces y el impacto que tienes en los demás".

"Yo me considero realizada. El amanecer de cada día ya es parte de mi realización y motivo de agradecimiento. Ya en el futuro seguirán apareciendo motivos para seguir creciendo y agradeciendo".

30- MARLE GONZÁLEZ

En Estados Unidos inició el cambio que quería para mi vida

Con apenas tres años en los Estados Unidos, su vida ha ido dando zancadas de progreso personal y profesional. Marle González comenzó desde cero, pero con alas bien entrenadas para volar; tiene a su querer a flor de piel, por eso menciona a sus hijos y a su esposo tantas veces como se acuerda, sin dejar atrás los buenos recuerdos del país que la vio nacer: Venezuela.

Es comunicadora social, especialista en publicidad y mercadeo. Recién fundó su empresa MKT Group y con ella también nace la idea de una revista dirigida a las hispanas llamada Mujer Magazine. Cree que "las mujeres podemos hacer de todo, en tacones y con un bebé cargado". Así que no desmaya en su búsqueda del éxito, apostando por nuevos clientes, anunciantes de su nuevo "bebé" editorial y todo por ofrecer un futuro seguro a sus tres pequeños.

Se autodefine como una hija fiel creyente de Dios, mujer optimista, alegre, honesta y que siempre mantiene empatía por las necesidades de los demás. Enfrentar un proceso migratorio es complejo tanto física como emocionalmente. Y Marle precisamente lo vivió físicamente "porque cuando ya eres profesional en tu país y estás acostumbrada a una oficina y visitar clientes, llegar aquí a otros afanes más fuertes, te impacta mucho. Mentalmente vine a hacer lo que fuera, porque entiendo que llegué a un nuevo país con las manos vacías y debo comenzar de nuevo. Hay que gatear antes de caminar. Pero sí me afectó la energía física".

Metas claras y motivos de empuje

Todos los pensamientos de una inmigrante deben enfocarse hacia dos áreas: Cuál es tu meta y qué te impulsa. En el caso de esta venezolana siempre quiso trabajar en marketing porque es su área profesional, pero su impulso siempre ha sido su familia y el tiempo que quería estar con ellos.

De ahí que nació Mujer Magazine, su cuarto hijo reconoce entre risas. Es una idea que venía gestando desde hace unos dos años y su objetivo es informar a las hispanas, donde además consigan recursos, motivación, instrucción y entretenimiento con artículos interesantes.

A su llegada a Atlanta le llamó mucho la atención ver que no había contenido en español gratuito y de buena calidad en la calle. Había un vacío y pensó que Mujer Magazine sería un producto de interés para la hispana en este país. Y sin dejar a un lado el mundo de las comunicaciones digitales, esta comunicadora cree que al mundo impreso le quedan varios años todavía. "Hay muchas personas que prefieren pasar la hoja y oler el papel. Creo que nos queda futuro, sin dejar de lado lo digital para todo, por ello la revista será publicada en ambos formatos".

Emprendedora que enfrenta retos

La decisión de decidir abrir su propia empresa no fue fácil porque ser emprendedor implica invertir mucho tiempo sin que ganes dinero, al menos al principio. Pero como su motivación era pasar más tiempo con sus hijos, se arriesgó y dejó su trabajo fijo. Fue capaz de romper el miedo para empezar a sembrar con la seguridad que vendría el tiempo de la cosecha. Cuando tienes fe en tus sueños, es más sencillo tomar la decisión. Siempre ha contado con el apoyo de su esposo.

Cree, en líneas generales, que la mujer hispana está capacitada para alcanzar sus sueños en los Estados Unidos. Y en caso de no estarlo, hay muchas herramientas para lograr una buena preparación, incluso con talleres y cursos gratuitos de muchas organizaciones sin fines de lucro que ofrecen sus servicios.

Con Mujer Magazine quiere llegar hasta donde Dios le permita. "Inicialmente, las publicaciones serán cada tres meses para medir la aceptación en el mercado, pero mi sueño es que se convierta en una publicación mensual y con el reconocimiento de los lectores y anunciantes de la ciudad de Atlanta y tal vez algunas cercanas. Podríamos llegar también a otros estados".

La mente positiva lo puede todo, lo empuja todo. "Creo que mi manera de ser ayuda mucho porque me enfoco en ver el lado positivo de las cosas. Si prestara demasiada atención a las cosas que dejé atrás, no iba a avanzar nunca y no tendría ojos hacia adelante. Los sentimientos están ahí, pero sé que estoy aquí para ofrecer un mejor futuro a mis niños".

MKT Group llena de los valores

MKT Group es una empresa recién fundada. Sin embargo, desde hace pocos años, a pesar que limpiaba casas o era mesonera, Marle atendía algunos clientes con sus redes sociales y otras asesorías de mercadeo.

"Cuando tomé la decisión de emprender, tomé ordenadamente las riendas de la empresa. Estamos en una etapa de crecimiento, de crear alianzas estratégicas en diseño y comunicación, enfocando el mensaje hacia el público hispano, pero también para el americano porque algunos clientes me lo piden y es todo un reto por el idioma. No me cierro a las nuevas experiencias que impliquen aprendizaje".

Reconoce que tuvo temor pasar de asesora informal a empresaria. Se enfrentó a un panorama totalmente nuevo, desde cómo registrar la compañía, pagar impuestos, hasta conducir de forma tal que no la multaran. Le emociona ver su crecimiento y cómo va alcanzando las metas. "MKT es el inicio del cambio que yo quería dar para mi vida".

Su realidad la lleva a soñar. "Lo que más anhelo es tener independencia de tiempo porque soy una mujer muy familiar y me encanta compartir con ellos. Mientras pueda acompañar a los niños, quiero hacerlo".

Marle se considera una mujer realizada. El amanecer de cada día ya es parte de su realización y motivo de agradecimiento. Ya en el futuro seguirán apareciendo motivos para seguir creciendo y dando gracias a Dios por las oportunidades.

"Sana tu niño interior, detecta qué gobierna tu vida en el presente y serás el adulto más feliz que te puedas imaginar".

31- MERCEDES GUZMÁN

Un niño sano será un adulto feliz

Una de las garantías de ser adultos felices es haber tenido una niñez sana. ¿Pero cómo saber si tuvimos una infancia saludable o con circunstancias difíciles? Mercedes Guzmán es la creadora de una técnica denominada Proceso para Amar a tu Niño Interior, cuyo objetivo persigue descubrir aquellas heridas y traumas que revelan en el adulto de hoy una persona con problemas de conducta o relaciones interpersonales.

Esta salvadoreña llegó a los Estados Unidos en el año 1991 junto a su esposo con la visión de trabajar, establecerse y formar familia, lejos de un país que para entonces ofrecía inestabilidad económica y social. "Llegué luego de casarme en El Salvador con un hombre americano que conocí en mi ciudad. Fui criada en el mercado al lado de mis padres que no fueron a la escuela y que trabajaban de domingo a domingo.

Imaginaba con ser grande y Dios me llevó a trabajar con una compañía internacional, gracias a una carrera universitaria que pagué yo misma".

Vino embarazada y aterrizó en el estado de Texas, sin hablar el idioma, a un ambiente donde se sentía perdida, sin familia que le apoyara, incluso quiso irse porque se deprimió.

Por ser una mujer que ama la lectura, Mercedes pudo superar los desafíos que le planteó la vida. Una vez leyó: si sientes que viviste lo mejor de tu vida, así es. "Pero yo sentía que me faltaba mucho, que debía salir adelante así que me fui a las bibliotecas, escuchaba a las personas hablando en inglés y aunque no entendía, les sonreía. Así que poco a poco fui aprendiendo y comprendiendo".

Llegó a tener cinco hijos en seis años y medio. "Con ellos me iba a las bibliotecas a que les leyeran cuentos y fui aprendiendo. Me llamó mucho la atención que por tener el cabello y los ojos claros se me abrían las puertas, aunque nos pasó muchas veces que al escuchar mi acento no nos querían ni rentar una casa".

Amar a tu niño interior

Cuando tuvo a su cuarto hijo, sus padres pudieron viajar a los Estados Unidos a ayudarle. "Pero yo tenía muchos años sin vivir con ellos porque había salido de mi casa a los 18 de edad. Así que en el proceso de adaptación y viviendo en un apartamento tan pequeño, empecé a sentir una rabia hacia mi madre, incluso se incrementó mi mala actitud y maltrato hacia mis hijos. Me preguntaba qué me pasaba, iba a la iglesia, leía todo para ser buena madre, pero cuando me aparecía la rabia no podía explicarme cómo controlarlo".

Le recomendaron ir con un señor llamado Juan de Dios e hizo una regresión a su niñez. Se dio cuenta de que algo andaba mal consigo misma porque salieron memorias de golpes, maltratos y abuso sexual que había reprimido y que ocultaba con una sonrisa.

Después de tres sesiones, se dedicó a estudiar la ciencia de la mente, filosofía y psicología, porque debía entenderse, no quería tratar mal a sus hijos con gritos, golpes ni sentimientos tan feos.

"Mi vida caminaba con mentalidad de pobreza y me di cuenta, luego de muchas sesiones gratuitas que ofrecí para aprender, que mi vida estaba gobernada por mi niña pasada. Yo veía a mi esposo como ver a mi madre durante mi infancia. Viví un proceso de regreso al amor. Tuve que hacer mucho trabajo en mí, sanar mi niña interior. En el 2004 sentí que ya era momento de compartir mis conocimientos y me dediqué a hacer charlas gratis para los hispanos".

Ser como un niño no te hace feliz

Es común escuchar que quien es como un niño es más feliz, pero Mercedes afirma que eso no es verdad. Porque el adulto que actúa como adulto es más feliz que un adulto que actúa como un niño. "Porque si ese adulto actúa como un niño cometerá idioteces y es ahí cuando vemos viejos saliendo con mujeres de 20 años. Lo que yo enseño es: sana tu niño interior, detecta qué gobierna tu vida en el presente y serás el adulto más feliz que te puedas imaginar.

Lo que sí es cierto es que si un niño está sano, tendremos un adulto sano. Eres el único que le puede dar amor a tu niño interior herido. Y no importa quién seas, si millonario, madre, empresario, abuelo, debes determinar quién gobierna tu vida".

Las conductas más evidentes de un adulto con heridas sin sanar se revelan en el trato con la pareja, también en la relación que tienes con tu dinero, incluso en tu salud.

Es posible detectar las señales de que un adulto, especialmente una mujer, necesita sanar a su niña interior. "Es aquella persona que reacciona a un evento sin medir las consecuencias, también la que trata mal a sus hijos mientras están en una tienda. Otra señal es que quieren llamar mucho la atención y no le ponen cuidado a la parte espiritual sino solo a los amigos, al trabajo y al dinero".

Hijos bien criados

Mercedes comparte algunas recomendaciones para criar adecuadamente a los hijos y evitar que se causen heridas con consecuencias futuras. "Aprende a escuchar al niño y procura preguntarle más; Déjale claro al niño qué quieres de él, con especificidad. Y no castigarlos por una semana sino por un ratico en el día".

A los niños háblales en el espíritu, ahí te puedes comunicar con tu hijo. Es un espacio sin tiempo ni distancia donde puedo hablarles libremente. Disfruten a sus hijos y sanen su niño interior, porque tal vez no sepas escuchar, pero como adulto sí lo sabes. Buscar en el pasado no significa quedarse ahí, sino entender por qué somos hoy así.

Sobre la evolución y desarrollo de la mujer hispana cree que es algo que no puede parar. "Nosotras estamos dando ejemplo a nuestras hijas y ya ellas van viendo cómo se alcanza el éxito. Pero la clave está en ayudarnos y unirnos, así que el rol de la mujer latina se va a destacar en muchas áreas como la política, los negocios, la religión y más".

Mercedes escribió su historia, sus logros y mucho de sus sesiones con pacientes, en un libro que denominó Un niño olvidado, un viaje de regreso al amor y la inocencia. Actualmente tiene una oficina de atención en Atlanta y también se le puede ubicar por su página web www. mercedesguzman.com

"No es necesario ser tan brillante, pero sí hay que ser perseverante y determinada a la hora de encaminarse hacia tu sueño".

32- MÓNICA CUCALÓN

Una inmigrante puede alcanzar autosuficiencia financiera

A Mónica Cucalón le sobran las razones para ayudar a hispanas inmigrantes que llegan a los Estados Unidos. Y es que ella, hace once años, fue una de esas que aterrizó con su maleta llena de vida propia y toneladas de ilusión en un país diferente al suyo, pero con ganas de nuevas y mejores oportunidades. "Corría el mes de enero del año 2007 cuando llegué a Washington DC en una época donde se iniciaba una crisis financiera en este país. Aterricé con mi familia".

Mónica es colombiana, Administradora de Empresas de profesión, especializada en Marketing y con innumerables credenciales en desarrollo de marca y liderazgo. Actualmente se desempeña como directora del programa Avanzando Juntas de la Asociación Latinoamericana en Atlanta, desde el cual asesora y acompaña a cientos de mujeres con ansias de superación personal y profesional. Apenas pisó este país quiso poner en orden sus ideas y afinar la brújula que la conduciría a tomar las siguientes decisiones, por lo cual optó por un año sabático para la necesaria adaptación.

"Encontré un trabajo de medio tiempo en planeación de promociones y también en un voluntariado de mentores para atender a jóvenes de secundaria con riesgo de dejar los estudios por drogas e irse a las calles. Trabajé con ellos durante año y medio en el programa de comunicaciones y marca".

Antes de llegar a los Estados Unidos, Mónica trabajó en su área de especialidad para dos compañías multinacionales. Actualmente, es líder del programa de empoderamiento económico para la mujer inmigrante latina, que se creó en el 2014 con el fin de empoderar y educar a la mujer para que sea autosuficiente en los Estados Unidos. El programa tiene 3 componentes: Educación, Acceso al trabajo y Apoyo a microempresarias.

En el área educativa se imparte inglés, computación, y asesoran en el tema de crédito y presupuesto entre otros. En materia de acceso al trabajo ayudan y orientan a conseguir trabajo en los Estados Unidos. "A veces es difícil tener contacto con un empleador, nosotros lo facilitamos a través de las ferias de trabajo que ofrecemos en nuestras instalaciones. Apoyamos a la mujer que tiene una idea de negocio o ya empezó a desarrollarla como hobby porque a veces no sabemos cómo convertirlo en negocio". Tienen una malla curricular de ocho semanas, de asistencia una vez a la semana. Aquí diseñan su plan de negocios y adicionalmente ofrecen coaching personalizado; también establecen conexión con otras organizaciones para que amplíen su red de contactos.

El programa incluye micropréstamos donde financian hasta cinco mil dólares a esas microempresarias que desean iniciar o expandir un emprendimiento. Se calcula que hasta ahora han sido beneficiadas con el programa unas 2,500 mujeres, incluidas aquellas que atienden la conferencia anual. Se sabe de unas 250 que han iniciado o expandido su negocio.

Claves para operar exitosamente

- **Hacer un plan de negocios basado en una buena investigación.** Debe incluir el capital con el que cuenta y la visualización a tres años del flujo de caja y estado de pérdidas y ganancias.

- **Diferenciarse de los demás.** ¿Cómo voy a ser diferente a otros, cómo ofrecer un servicio que sobresalga, que sea atractivo?

- **Entrar en industrias en crecimiento, no en las que están en declive.** No queremos entrar en una industria que vaya hacia abajo.

- **Aumentar su red de contactos.** No basta un buen plan de negocios, es necesaria la conexión con más personas porque serán sus conocidos quienes le lleven al camino de la prosperidad empresarial. Incluso es bueno tener un mentor para aprender de su experiencia. Esa persona será crítica contigo y sincera a la hora de advertirte si algo está saliendo mal. Ese mentor podría ayudarte hasta para conseguir el capital de arranque.

- **Mejorar el record crediticio o crearlo** si aún no lo tienes.

- **Alimentar tu pasión.** No es necesario ser tan brillante, pero sí hay que ser perseverante y determinada a la hora de encaminarse hacia tu sueño.

Entrenamiento para latinas emprendedoras

La conferencia anual para latinas emprendedoras es un componente clave del programa Avanzando Juntas. En un día logramos reunir alrededor de 1000 mujeres del estado de Georgia y algunos aledaños como Florida, Alabama, Tennessee y otras ciudades, nos cuenta Mónica.

La conferencia ofrece charlas de mucho interés y necesidad para las mujeres inmigrantes. Abarca desde cómo conseguir un trabajo, cómo hacer su plan de negocios en 10 pasos, cómo adquirir una franquicia, hasta temas de crecimiento personal de cómo manejar la crisis del inmigrante.

Se muestra una exposición de productos y servicios de muchas organizaciones que trabajan para la comunidad en Georgia. Allí participan mujeres que han pasado por el programa y ofrecen sus productos y servicios.

La conferencia es una magnífica oportunidad para reunir a muchas mujeres para que aumenten su red de contactos y aprendan de las experiencias de los demás en función de un crecimiento más rápido.

Entender la nueva cultura

Mónica no es mezquina al compartir sus consejos a las inmigrantes hispanas, por eso se le escapa de primera mano la invitación aprender y entender la cultura americana, cómo se relacionan, su ética y valores personales y de trabajo. "Aprendamos el idioma. No se trata solamente de juntarnos o hacer negocios con los hispanos. Estamos en los Estados Unidos y debemos comunicarnos efectivamente con los americanos y/u otros grupos étnicos, articular sobre nuestros negocios o nuestra historia".

Validemos los títulos que tengamos u obtengamos certificaciones en oficios que tengan demanda en este país y tratemos de ubicarnos rápidamente en el mundo laboral. Ofrézcase cómo voluntaria, vaya a las organizaciones y exponga sus talentos, conocimientos, haga que las otras personas la conozcan y aumente su red de contactos, insiste.

Es necesario pedir ayuda

Si le tocara comenzar de nuevo recién llegada a este país, hubiera buscado organizaciones hispanas que le ayudaran a entender el proceso migratorio. "Sentí frustración y choque para entender la cultura, por no saber cómo me adaptaba más rápidamente al país. Hubiera querido que alguien me lo contara, me advirtiera y aconsejara. Tal vez hubiera aumentado mi red de contactos y un mentor".

"Mi propósito no sólo es emprender sino hacer que otros emprendan".

33- PATRICIA RAMOS

La belleza sí combina con ser empresaria exitosa

Fusionar los roles de modelo, actriz y empresaria no es tarea fácil. Pero si prevalecen la organización, la visión clara de los objetivos y la vocación de servicio, nada tiene por qué salir mal. Es un poquito de la vida de Patricia Ramos, una venezolana que vive en los Estados Unidos desde hace casi ocho años y que comparte, con una sonrisa casi permanente en el rostro, aspectos de su vida que seguro servirán de inspiración para tantas hispanas que buscan su realización personal y profesional.

Ha surgido a punta de esfuerzo, pero sobre todo de talento. Sus capacidades artísticas le han hecho escalar peldaños en el mundo del espectáculo; comenzó participando en musicales, fue parte del elenco de Televen, Venevisión y Radio Caracas Televisión en Venezuela, también de Telemundo, Univisión y Caracol TV en los Estados Unidos, y hoy por hoy es empresaria.

Lidera dos proyectos de ayuda a la población hispana: Artistas en USA e Inversionistas en USA. "Mi propósito no sólo es emprender sino hacer que otros emprendan".

Comenzó muy pequeña en el mundo del espectáculo por esa sangre y vocación hacia lo artístico; siempre pedía participar en musicales teatrales. Apenas con 13 años se subió a una pasarela y se convirtió en una modelo.

Luego de un tiempo, llegó a Venevisión becada por la academia del Miss Venezuela, le ofrecieron la oportunidad de actuar en una telenovela y fue allí donde comenzó todo. Para ese entonces lo tomaba con un hobby porque estaba en la universidad estudiando psicología. Luego hizo lo propio con psicopedagogía pero en los Estados Unidos.

Cuando había decidido dedicarse a sus pacientes, recibió una llamada desde Miami y le ofrecieron trabajo en Telemundo. Allí estuvo seis años, desarrollando diferentes proyectos para ellos. Luego trabajó con Univisión, con la cadena Caracol y Netflix. "Dije: este es un momento muy bueno para mí, estaba contenta a nivel profesional pero había algo que faltaba y era mi desarrollo personal y profesional. Hay muchos hispanos que están llegando a los Estados Unidos y no saben qué hacer, a quién acudir. Pensé en la misión que tenía de ayudar y cooperar. Siempre me he inclinado por servir, es mi vocación".

En paralelo con su carrera artística, desarrolló programas que le permitían ayudar a los hispanos que iban llegando a este país.

Entre emociones y asuntos legales

Para una inmigrante los retos al llegar un nuevo país son muchos y diversos. El caso de Patricia Ramos no fue la excepción. "Debí superar obstáculos emocionales y vivir preocupaciones legales. Alejarme de mi familia, seres queridos, amigos, raíces, clima, resulta súper doloroso y complejo. Adaptarse a un sistema completamente diferente no es tan fácil".

Los asuntos legales para alcanzar un estatus adecuado, fueron para esta modelo venezolana toda una incógnita. "El tema me generaba angustia. ¿Y ahora qué hago? Me preguntaba si estaba haciendo lo correcto".

Y aunque los obstáculos estuvieron ahí, también las oportunidades. "En el aspecto emocional gracias a Dios contaba con las herramientas psicológicas para salir adelante. Un dato que recomiendo es siempre acercarse a personas que les resulten confiables, gente que tal vez haya pasado por su misma situación. Aquellos que te puedan impulsar serán buenos aliados. En mi caso me acerqué a profesionales, gente afín a mi carrera o trabajo. Incluso a nivel familiar".

Artistas e Inversionistas en USA

Artistas en USA nació de la preocupación de muchos compañeros de trabajo que llegaban a este país con miles de interrogantes: Patricia, no sé qué hacer, a quién dirigirme, qué abogado consultar. "No podíamos seguir llegando desinformados y tampoco debemos emigrar sin alguna planificación. Siempre debemos tener un plan A, B y C. Evaluar cómo venir, en qué condiciones venir.

El estatus migratorio, las opciones de trabajo, vivienda.

Artistas en USA apoya al talento latino en los Estados Unidos en hacer ese proceso más sencillo. Nosotros cooperamos con el artista, escuchamos sus angustias. Les ayudamos a que su permanencia e internacionalización de su carrera en EEUU sea posible". Pudo ver con sus propios ojos a compañeros trabajando en otras labores como Uber, atendiendo en restaurantes, en envíos de comida, sin ser su profesión. Y se preocupaba porque todos merecen trabajar en el área para la cual estudiaron.

Esta organización no es sólo para artistas sino para cualquier tipo de profesional (médico, arquitecto, diseñadores gráficos y cualquier otro tipo de profesión. Por otra parte, hay gente con algún capital que desea invertirlo en Estados unidos, y en Inversionistas en USA consiguen la asesoría para hacerlo de manera inteligente. Allí labora un equipo de profesionales para orientar las decisiones a tomar y qué errores no cometer.

Redes Sociales para el posicionamiento

Las redes son estratégicas, al menos Instagram y Facebook porque permiten estar muy cerca de los seguidores. Patricia inició también un plan para YouTube y ampliar las posibilidades de informar a los hispanos, desde qué hacer cuando llega al aeropuerto, cómo sacar una licencia de conducir, qué agentes debe usar para un tema de inmigración, qué puertas tocar a nivel laboral y muchas otras cosas más.

En esta mujer se demuestra que las hispanas tienen una fortaleza increíble siempre con el toque particular de su nacionalidad. "Somos guerreras, temerarias, lo damos todo por el todo. Sacrificar todo determina el resultado. Tenemos esa capacidad de superar los obstáculos o barreras que se nos presentan, porque además somos mujeres de fe. El latino es muy creyente, con fe absoluta hacia Dios. De ahí viene todo. Si tienes fe logras todo lo que quieres".

El secreto del éxito radica también en la capacidad de organización. "Mi día a día es complejo. Tengo poco tiempo porque lo tengo dividido entre asesorar al mercado hispano con el tiempo que merecen; contesto alrededor de 30 correos diarios. Luego voy a castings porque sigo trabajando para la TV aunque un poco intermitente. Soy imagen de 14 marcas en EEUU". Siempre hay tiempo para todo. También hace conferencias cada dos o tres meses, con temas, por ejemplo, de empoderamiento femenino.

Familia inspiradora

"Siempre he sentido una fuerza interna que me empuja hacia lo grande. Me inspiran mis padres, mi familia". Se proyecta a futuro con su propia familia y con más proyectos para latinos. Creciendo con más inversiones y artistas en el ámbito nacional porque ahora solo abarcan un campo de acción en la Florida. Sueña con expandirse, viajar hacia otros estados de Estados Unidos.

A las mujeres aconseja tener fe, mente positiva y la idea clara de hacia dónde van. Hay que dejar a un lado la sensación de fracaso o pesar. Debemos transformar todo a positivo. Nada puede quedar al azar, siempre debe haber un plan. "No creo en la improvisación, de cómo hagas las cosas verás los resultados. Nuestra autoestima debe estar siempre fortalecida para que nadie nos robe las ganas de lo que queremos hacer".

"Servir, enseñar y educar es mi pasión".

34- PATTY TELLO

La perseverancia es su estandarte

Cuando encontramos en el camino de la vida a personas que sirven como apoyo para alcanzar nuestros sueños, es imposible que las dejemos escapar. Eso es lo que sucede con Patty Tello, una peruana llegada a los Estados Unidos hace 30 años, de los cuales ha dedicado más de 20 a ayudar a quienes desean adquirir una vivienda propia.

Sin ánimos de decir menos sobre la rica gastronomía latinoamericana, Patty viene de ese país sureño que regaló al mundo una delicia llamada ceviche y demás manjares del mar. Eso sin contar con la amabilidad de su pisco sour ideal para el momento de brindar. Patty llegó por Miami porque parece que a muchas hispanas la ciudad nos hace sentir más seguras para comenzar. El idioma que predomina, la mayoría de gente latina y el calor del Caribe parecen ofrecer la confianza necesaria para, al menos, llegar. El caso de Patty no fue la excepción.

"Vinimos de luna de miel y decidimos quedarnos", confiesa entre risas. Al poco tiempo se mudaron a New Jersey por 3 años, vivieron en Virginia durante casi 18 años y finalmente, desde hace 11, están establecidos en Georgia. Su experiencia de estar en contacto permanente con gente la trajo gracias a un trabajo como secretaria en Perú. Aquí, fue punto a favor para lo que años después sería su vida. "En los Estados Unidos comencé como lo hacen muchas: de empleada en una fábrica y luego cuidando niños", cuenta.

Luego de varios años, Patty se atrevió a probar en el área de mercadeo de una compañía de bienes raíces y le fue mejor de lo que pensaba. "Me iba bien, sentía que tenía buena capacidad para comunicarme con las personas. Tanto así que luego me llamaban, por lo cual pensé que sería una puerta para comenzar una carrera".

Licenciados para trabajar

Patty y su esposo decidieron estudiar. Para ser agentes de bienes raíces fue obligatorio pasar un curso y obtener una licencia que les permitiera entrar al competitivo mercado de la venta de inmuebles.

Luego de mucho estudio y un par de resbalones en los primeros intentos, lograron la certificación. Mientras vivieron en Virginia, trabajaron bajo la modalidad de asociados con una persona; pero al llegar a Georgia, se abrieron nuevas puertas y pudieron fundar su propia empresa.

My Home Aquí

"Georgia nos abrió las puertas para fundar nuestra propia empresa y expandirnos. Nos ha ido muy bien. Ya tenemos 11 años ayudando a la comunidad hispana a que compre su propia casa.

Los ayudamos para que califiquen a créditos y brindamos asesoría en materia de ingresos. Le doy gracias a Dios por la oportunidad de servir".

Hay clientes que llevan preparando dos años y es luego de ese tiempo cuando están listos para tener su casa. Para algunos no es un proceso largo. Al menos se necesitan 45 días para comprar una casa, pero hay gente que no tiene la más mínima preparación. "En nuestros países la política crediticia de los bancos funciona completamente distinta a la de Estados Unidos. Hay personas que no tienen cultura de créditos y por eso los entrenamos y educamos en la importancia, por ejemplo, de la puntualidad del pago. Nunca le digo a algún cliente que no puede. Solo les explico que deben prepararse en tres, cuatro o cinco meses, tal vez un año, o más".

Un buen consejo

Patty, siempre aconseja que el primer requisito para adquirir una casa es prepararse. El banco prestará el dinero en función de los ingresos que tenga el futuro comprador. Además, no debe aspirar algo que no pueda pagar. Siempre sugiere que ahorren, no lleguen al tope para calificar, hay que ser conservadores. Hay que organizarse lo mejor posible, pagar deudas puntualmente porque todo afecta el historial de crédito. Al final la decisión de la casa que le gusta a la persona es del núcleo familiar, por lo que recomienda que no se dejen coaccionar por ningún vendedor. Es una decisión muy importante porque es el lugar donde llegarás a sonreír, donde te gustará estar.

Más que pasión

Para esta peruana la labor que desempeña le ha permitido servir, enseñar y educar. Y para lograrlo, en un principio iba a los mercados, se hizo conocer, le sonreía a todos, "hasta en un ascensor puedes conseguir un cliente. Toma mi tarjeta, les decía. Antes hacía mi propio marketing, pero ahora tengo a alguien que me ayuda. Sí se puede". El objetivo, según su experiencia, es que mercadearse cara a cara es fundamental. Porque hay mercado suficiente para todos. Georgia está creciendo a pasos agigantados: mi consejo es inviertan en bienes raíces.

Para aquellas personas que quieren entrar a este mundo, Patty les recomienda tomar el curso, pasar el examen, estudiar las leyes del Estado, ya que hay suficientes academias e institutos para certificarse.

"A las hispanas les digo que perseveremos. Ahora mismo escribo lo que deseo; lo pongo en varios lados para que no se me olvide. Antes quedaba en mi mente y no lo alcanzaba. Porque luego pasan los años y dices: ¡Wow, no lo hice!".

"Dios me ha concedido alcanzar metas con perseverancia y entender que siempre hay que seguir adelante, así existan las caídas".

35- PEGGY TOVAR

La alegría de ser chef pastelera

A Peggy Tovar se le nota lo buena gente. Escucharla hablar es descubrirle la pasión y el amor por lo que hace. Nació en Perú, viajó a Argentina para estudiar y también vivió en Venezuela. Llegó hace algunos años a la Florida pero decidió radicarse en Virginia para seguir desarrollando su profesión de chef pastelera.

Es una mujer de fe, cree profundamente en Dios antes que en nada y agradece los logros que hasta el momento le ha concedido. Se siente realizada y feliz. Habla pausado, sin complejos para contar su historia con los altos y bajos normales de una vida llena de experiencias, incluida la migración como forma para escalar hacia la paz y la prosperidad.

Su profesión como estandarte

Peggy dice que su profesión es chef pastelero para trabajar el arte en azúcar, en chocolate, caramelo, panes y galletas. Aunque uno de los que más le gusta, por lo curioso y peculiar, es el arte en hielo. "Tengo una profesión muy amplia, no es difícil pero sí hay que amarla porque es muy bonita de desarrollar".

Su pasión por la pastelería nació porque a su madre le fascinaba preparar postres y dulces. Cada vez que preparaba la masamorra morada típica del Perú, hecha a base de maíz morado y frutos frescos, andaba encantada por toda la casa por el aroma que impregnaba cada rincón. Ella le dejaba ponerle encima la canela cuando servía y creo que desde ahí se fue despertando su gusto por este oficio: yo tendría alrededor de ocho años.

"Así que desde entonces, cuando me perfeccioné, mi deseo siempre es complacer a los clientes con lo que ellos desean. Mi propósito es engalanar el paladar de aquellos que prueban mis postres, tortas y otras cosas, porque trabajo con amor". Asegura que es chef por vocación, y es que podría pasar 24 horas haciendo lo que ama. Sus hijos siempre le preguntan si ya va a dormir, porque se le pasan las horas haciendo su arte.

Dulce talento de exportación

Defiende el tema de que ser chef es una profesión de respeto. "Todos comenzamos en el mismo curso básico y ya luego que podemos elegir, unos se van por la gastronomía de lo salado y otros, como yo, por el lado dulce. Ambos especialistas tenemos nuestro talento y capacidad de hacer cosas maravillosas con diferentes productos. La pastelería es muy precisa; cada gramo cuenta, las medidas son específicas".

Para esta chef la honestidad es una de sus virtudes como profesional. "Debemos ser honestos tanto con la calidad de los productos que usemos como con los aspectos sanitarios, ambas cosas deben ir de la mano".

Afirma que el peor defecto de un chef es ser conformista, porque en este oficio hay que indagar y crecer. Cada día hay avances y es muy importante actualizarse, con mucha innovación, calidad, usando productos frescos y naturales. Peggy agradece mucho a Dios porque desde sus primeros trabajos en Estados Unidos, fue aceptada por su estilo artístico y calidad en el producto final. "Me gusta que tanto el sabor como la presentación causen impresión".

Persistencia que da gusto

Rememora que cuando tenía alrededor de nueve años, la mandaban siempre a la misma panadería a comprar el pan y veía a un señor haciendo unas flores hermosas de crema con una manga de papel. Le propuso barrer su panadería a cambio de que la enseñara a hacer las flores y así sucedió. Por eso su especialidad es el arte en las tortas o Cake Art, lo cual requiere mucho trabajo pero es hermoso. Dice que la diferencia la presentación y la calidad.

"Me encantan las fusiones. Sabiendo combinar sabores y productos podemos lograr excelentes postes y tortas".

Entre sabores

Para Peggy el plato que ha presentado con gran orgullo es en base a lo que a su mamá le gustaba. Creó 'Mabertita', una torta con almendras en tres capas: la primera con almíbar de frutos rojos, crema pastelera y frutos frescos; la segunda capa aromatizada con vodka, crema pastelera, chantilly, almendras tostadas y trozos de chocolate.

Todo es cubierto con crema chantilly, raspadura de chocolate y almendra tostada. Se combina con fresa. "Es un postre costoso pero muy sabroso, lo he vendido varias veces".

En la pantalla chica

Algo que la llenó mucho fue trabajar en un canal de TV en Venezuela en un programa llamado Nuestra Mañana. Pudo transmitir sus conocimientos a miles de personas, y se dio a conocer. También ofreció muchas entrevistas para reportajes en periódicos y revistas.

"Cuando llegué a EEUU, trabajé en un programa de TV llamado De Todo un Poco, también en Alma Visión la revista, y salí en un periódico llamado El Venezolano de la Florida. Le doy gracias a Dios porque participé en varios concursos y gané. También por haber estudiado en Le Cordon Bleu, la mejor escuela de cocina y pastelería del mundo. Dios me ha concedido alcanzar metas con perseverancia y entender que siempre hay que seguir adelante, así existan las caídas".

Peggy Master Chef

Con el fin de mostrar y enseñar presentación, arte y calidad, creó Peggy Master Chef, que es un Bakery. Y una de las cosas que la hizo diferente fue ofrecer clases a quienes querían aprender.

"Yo cerré Peggy Master Chef en la Florida y ahora quiero incursionar en Virginia, porque podría abrir un mercado de dulces y clases al mismo tiempo. Dios me va a poner al lado a la persona idónea para desarrollar el proyecto de enseñar".

En la actualidad escribe un libro para sus hijos llamado 'El legado de mami', y quiere escribir otro desde el punto de vista técnico para las personas que comparten su oficio. "Me gustaría crear una escuela para niños con necesidades especiales (autismo, síndrome de down, y más), para que aprendan un oficio y no se queden en casa".

Se le escapó un secreto

Peggy nos dio un secreto de pastelería, y es que para que el merengue levante, el bowl donde batiremos las claras debe estar súper limpio y las claras no deben tener nada de yema de huevo. Si es posible, es mejor colarlas antes de batirlas.

Ayuda humanitaria

Esta chef pastelera participa en la fundación Lazos de amor y sonrisas, dedicada a ayudar a los venezolanos. La presidenta es Maritza Guevara, quien además recibe apoyo del artista Víctor Cámara. "Reunimos medicinas, ropa, alimentos, calzado, y todo aquello que parece que en nuestro armario están de más. Creo que el hecho de poder ayudar al prójimo y en este caso Venezuela, es de gran satisfacción.

Si se animan a colaborar pueden llamarme al 786-346-7787 y enviar cosas desde cualquier estado".

"Conócete y no traiciones tus principios".

36- ROSARIO WELLE

Conócete y no traiciones tus principios

Con el ritmo del Caribe en su voz, la simpatía propia de una dominicana y la sabiduría para labrarse camino en la cultura americana, Rosario Welle nos cuenta su historia de realización en este país de oportunidades. Sus amigos le dicen "Charo", en honor a la confianza. Y es que su espontaneidad y su extrovertida personalidad, le abrieron las puertas a una nueva comunidad que inició cuando llegó a los Estados Unidos en 1993, desde aquella tierra donde el Sol brilla intensamente todos los días del año.

Le pedí que hablara despacio durante la entrevista y entre risas se comprometió a hacer pausas y respirar. Charito y yo nos entendemos perfectamente porque hace algún tiempo trabajamos juntas y hoy mantenemos una bonita amistad. Su experiencia académica y profesional da respaldo a su éxito, el cual no llegó a su vida por un juego del azar o por casualidad.

En República Dominicana conoció al hombre de su vida, pero éste, al ser americano, le propuso empacar maletas hacia una nueva tierra apenas se casaron. "Nunca estuvo en mis planes venir a los Estados Unidos, pero el trabajo de mi esposo no le permitía quedarse allá y tuvimos que mudarnos. Fue un gran cambio".

Charito es traductora certificada, calificada y con más de 20 años de experiencia. Con el idioma como un as bajo la manga, los obstáculos que debió superar fueron más culturales que comunicacionales. Actualmente se desempeña como administradora de la División de Español de la Asociación de Traductores de Estados Unidos (ATA), tiene grado académico de la Universidad de Denver (Colorado) y es mentora y servidora en varias organizaciones de servicio a la comunidad.

Mantener la esencia

Para Charito, el choque cultural fue uno de los aspectos más difíciles de superar a su llegada al nuevo país; también poder mantener su esencia hispana en medio de una cultura muy individualista. "Los hispanos somos más comunitarios y comunicativos. Nos sostenemos con nuestras familias, amigos, vecinos; pero aquí la gente se siente muy orgullosa de su burbuja. Tuve que comprender ese estilo de vida donde no puedes pasar el límite del espacio. Aquí ser expresivo es un estigma porque te identifica como latina".

Lidiar con esas diferencias de cultura es posible en la medida que imprimes buena actitud a tu proceder cotidiano. "Yo me nutro y recibo luz del ser humano. Si estoy lejos, me marchito, si estoy cerca de la gente, florezco. Empecé a frecuentar lugares donde relacionarme e involucrarme, fui a la biblioteca pública y también ubiqué mi centro de fe cristiana.

Busqué lo que este país tenía en común para mí". Y así fue sorteando sus días hasta lograr la adaptación total, aunque al menos ya hablaba inglés y eso, entre paréntesis, fue un punto a su favor. Por eso exhorta a cualquier mujer latina a aprenderlo porque parte de la realización en los Estados Unidos pasa por dominar el idioma. De lo contrario, cuesta más adaptarse a la cultura.

"Pude haber buscado refugio en el lugar seguro: grupos de amigos hispanos. Pero preferí integrarme a los amigos de mi esposo. Fue una decisión personal, porque mi forma de ser puede resultar abrumadora para los americanos". Adaptarse a la nueva cultura y adoptar algunos aspectos nuevos para tu vida forma parte de los cambios de mudarse de país. Y aunque hace muchos años había que abandonar todo lo que eras para ser aceptado, ya no. Ahora sin perder la esencia logras la biculturalidad. Somos híbridos.

Hábil para los idiomas

Debido a una constante influencia del inglés y de otros idiomas en la República Dominicana, incluso la exposición a turistas que visitaban constantemente sus costas, Rosario se hizo hábil para aprender otras lenguas. "En Santo Domingo comencé estudios en un instituto americano, en mi época de adolescente y me reconocí con facilidad para aprender. Conseguí un trabajo como secretaria bilingüe y después como asistente personal de gerentes. Entre mis funciones ya me tocaba traducir de español a inglés. Así llegué al mundo de las traducciones".

Estudió Lenguas Modernas durante dos años y debió interrumpir las clases por su viaje a Estados Unidos. Le tocó aprender que el sistema educativo americano no era equivalente al detalle con el de República Dominicana.

Pasión por comunicar

Lo que más le gusta de su oficio es transmitir la esencia del mensaje. Y aunque no conozca al autor, poder plasmar lo que éste quiere decir es lo más importante. El reto que enfrenta es leer el escrito original, compararlo con la traducción y si lo corrobora con la satisfacción del cliente, entonces se logró el éxito. Hay quienes desean iniciarse en las artes de la traducción, pero Charo advierte que ser bilingüe no es suficiente para serlo y tampoco intérprete. Hay que estudiar técnicas, o la profesión. Procurar certificaciones y participar en programas de traducción. Debes demostrar que tienes las habilidades para llamarte profesional, sino seguirás siendo empírico y se puede correr el riesgo de malinterpretar lo cual sería fatal.

Perseverar hasta vencer

A las hispanas en los Estados Unidos también va un consejo de parte de esta dominicana realizada. "Nunca se den por vencidas, hay que perseverar. Conócete y no traiciones tus principios. Identifica cuáles son tus valores y hasta dónde estás dispuesta a llegar. También es importante saber cuál es tu motivación, porque si es la gloria y la fama, los resultados son a corto plazo, pero si es tu realización integral las metas se alcanzan poco a poco. Cada peldaño te define".

Rosario "Charo" Welle está viviendo su sueño profesional. "Y lo más importante es compartir mi trayectoria con los que vienen o están surgiendo. Me siento pequeña, me falta mucho. El sueño más hermoso es que mis experiencias, buenas o malas, le pueden servir a otras personas. Cuando enriqueces a los demás, recibes más de lo que das. No puedo pedir más".

"La mujer hispana debe educarse, no porque no lo estemos, pero no podemos replicar malos hábitos aprendidos en nuestros países".

37- SAMANTHA DÍAZ

El deber de informar a tiempo la verdad

Samantha Díaz Roberts es puertorriqueña y desde hace casi tres años es habitante de los Estados Unidos. Vive de lo que ama hacer: comunicar. La mayor parte de su tiempo transcurre cerca de la comunidad, se embriaga con sus alegrías y dolores, es su voz cuando otros no pueden hablar. Se involucra desde las preguntas inteligentes y los justos cuestionamientos. Sam, como le llaman sus afectos, es joven y enérgica. Cada día sale a buscar la noticia, esas historias que dejarán huella en aquellos que le lean, escuchen y vean. Trabaja para el periódico digital e impreso Mundo Hispánico, y sin complejos, graba, entrevista, narra, pregunta, escribe e investiga, casi todo al mismo tiempo.

Se autodefine como un ser humano, hija, esposa, y todos los roles que desempeña por las relaciones maravillosas que tiene alrededor.

"Soy una persona que ha aprendido a ser feliz consigo misma, soy una hija de Dios, mujer de fe, además de ser una feliz periodista. Soy de Puerto Rico de un pueblito llamado Bayamón y desde siempre me ha gustado viajar con una mochila a cuestas para trabajar y conocer el mundo. Eso me hace mejor persona".

Entre 2014 y 2016, luego de una fuerte crisis económica en la isla y fue el momento de evaluar, junto a su esposo, algunas decisiones importantes. Nombraron una libreta de apuntes como "Nos vamos 2016" y fue el lugar donde plasmaron letra a letra, paso a paso todo cuando debían hacer para mudarse. Por ejemplo, ventas de cosas de la casa, solicitudes de empleo, trámites para rentar una nueva vivienda, y mucho más. Recuerda haber enviado 378 currículos y le tocó hacer muchas entrevistas vía online con los empleadores. Le pidió a Dios le pusiera en el lugar donde pudiera trascender, ayudar a la gente y crecer. Fue cuando surgió una oportunidad en Mundo Hispánico, un periódico cercano a la comunidad.

Apasionada por el periodismo

A Sam le apasiona ser testigo de tantas cosas que vive la gente. Sus alegrías, tristezas, sus dolores. Siente que es un privilegio estar en el momento y en el justo lugar donde ocurre algo que puede ser historia, además de estar cerca para escucharlas y contarlas.

Con respecto al ejercicio profesional en su país de origen y el que ahora es su residencia, lo considera muy diferente. "Aquí el periodismo hispano es muy comunitario, muy cercano a la gente. La gente tiene otro tipo de problemas, viven otras circunstancias. En Estados Unidos se ejerce más desde el punto de vista educativo, de informar nuevas políticas que surgen, sobre nuevas ordenanzas migratorias, entre otras.

He tenido que aprender de nuevo todo porque mi base de formación fue en Puerto Rico, así que aquí he absorbido nuevos conocimientos".

Sobre cómo hacer para que una noticia no pierda vigencia, la comunicadora dice que el secreto radica en saber trabajar la historia. "Para la versión impresa se trabaja un ángulo diferente, se refresca con nueva foto y otro título, pero como no podemos esperar hasta el jueves que circula para dar la noticia lo lanzamos primero por la web para que la gente no espere en enterarse".

En mi caso, ser mujer comunicadora es difícil porque llevo a cuesta una maleta de 30 libras con todos los equipos de tecnología y me toca hacerlo todo a mí, ser camarógrafo, entrevistadora, narradora. En cambio para un hombre tal vez cargar peso es más natural. A veces me miran con fragilidad por ser mujer, si voy con un vestido tal vez piensan que no haré preguntas incisivas o cuestionamientos fuertes. A veces me subestiman y no me gusta que lo hagan porque en este oficio somos todos iguales.

Derribar estereotipos de belleza y perfección

Samantha derriba los estereotipos de que una mujer comunicadora debe parecer de concurso de belleza, con la realidad. "Somos mujeres reales que incluso en ocasiones salimos sin maquillaje ante las cámaras porque tal vez no nos dio tiempo de hacerlo. Porque además nuestro periodismo no es para televisión y más bien va directo a tu teléfono con la naturalidad de ser una más de la comunidad".

Se confiesa fanática tanto de los medios digitales como impresos. Cree que el periódico impreso siempre seguirá existiendo pese a que hay mucha gente quienes dicen que el papel va a morir.

Tal vez disminuya un poco su consumo, pero a ella le gusta mucho que su nombre aparezca allí impreso porque fue su formación. Para una periodista las noticias duras abundan y es necesario poner un cerco a los sentimientos. "Yo medito, lo pienso muchas veces y me dejo editar. Mi editor me advierte si me estoy implicando o digo algo que refleja mi posición personal.

Antes de empezar una historia, junto toda la información que puedo, me reúno con mi editor y él me ayuda a lograr un balance. La objetividad es un ejercicio constante y no puedo dejar que la prisa me gane. A veces la gente no entiende que no estamos del lado de los republicanos ni de los demócratas, si alguno u otro hace algo malo, igual lo vamos a informar".

Complicado proceso de adaptación

¡Mi proceso de adaptación a la cultura americana fue muy complicado! Porque soy puertorriqueña y nosotros somos ruidosos, hablamos alto, tenemos opinión y no nos dejamos meter cuentos. También somos cercanos, cariñosos y hasta más amables. Pero yo decidí venir aquí, los americanos no tienen que cambiar por mí. He aprendido a aceptar esta cultura, no ser tan crítica y más bien dejarlo fluir.

La mujer hispana debe educarse, no porque no lo estemos, pero no podemos replicar malos hábitos aprendidos en nuestros países. Educarse no es necesariamente ir de nuevo a la universidad, significa leer periódicos, ir a las reuniones de la escuela de tus niños, tener contacto con la comunidad. Estar presentes. Hay que meterle mano al inglés y aprenderlo. Hay centros que lo dan gratis y otros que lo ofrecen a bajo costo. Entre mujeres latinas debemos cuidarnos, ir al médico, estar pendientes de nuestra salud.

Mantener su lugar y su ahora

Una profesional tiene por lo general visión de futuro, pero a Sam, en unos cinco años, le gustaría estar en el mismo lugar de ahora. "Actualmente estoy muy contenta y tal vez no me creas, pero en cinco años me gustaría mantener mi trabajo, seguir contando historias y seguir cerca de la comunidad. Si en cinco años tuviera niños, tal vez no llevaría este ritmo de trabajo para dedicarles buen tiempo a ellos".

Hacerse un lugar en este país no es tarea imposible. Solo hay que decir la verdad, portarse bien, mantener buenos hábitos ciudadanos, estacionarse correctamente. En fin, ser respetuoso de las normas del país donde estás. Crecer desde lo poco, desde ahí te irán reconociendo.

A las mujeres que comienzan en este mundo de las comunicaciones les dice que nunca se rindan. Si les toca entregar su currículo 378 veces que lo hagan, sin rendirse. Esto es una carrera de fondo, no de velocidad. Solo si haces bien tu trabajo y te apasiona vas a llegar lejos. Debes educarte, aprender a hacer de todo, ser versátil y multifacética.

La felicidad no tiene un secreto sino varios y para ella el primero es creer en el amor de Dios, tener una relación estable y constante con Él. También tener una buena relación consigo misma, conocerse e identificar riesgos para evitar males mayores. "Mi felicidad es compartir y relacionarme con gente, familia, amar lo que hago, lo cual es mi buena noticia diaria".

"Además de tener
una fe firme,
hay que persistir y
saber lo que quieres.
No importa que la situación
sea o parezca difícil".

38- SHEYLA TORO

Construye futuro desde el servicio y la capacitación

Con un verbo claro y fluido, una melena rizada suelta al viento que denota jovialidad, un Dios vivo en el corazón, logros alcanzados y muchos sueños por cumplir, es Sheyla Toro, una mujer colombiana, con una sonrisa casi permanente.

Desempeña el cargo de asistente ejecutiva de la Asociación Hispana de Constructores de Georgia, instancia donde se ofrecen programas educativos a los constructores y empresarios del área. También es vicepresidenta del Comité de Membresías de Toastmaster International, donde se brindan herramientas para mejorar la capacidad de comunicación. Desde hace unos meses Sheyla es locutora de un programa de radio y también es mamá de un guapo varón.

Se define como una persona muy sencilla y lo que más destaca es la espontaneidad, la humildad y tener un corazón aferrado a Dios: Siento que nací para amarlo y disfruto mucho servir y ayudar a los niños, sin importar lo que esté pasando.

Le gusta demostrar siempre la alegría y el lado positivo de las cosas, con una actitud alegre, "porque no sabes a quién le puedes cambiar el día con una sonrisa. Es mi marca personal. Soy una enamorada de mi familia, de mi hijo en especial"

Emprendimiento hispano

Para Sheyla, los dos últimos años han sido de gran impacto para su crecimiento personal y especialmente espiritual; Dios la ha ayudado a entender que por más oscura que sea una situación algo bueno va a salir.

Dice estar muy orgullosa de su cultura, de los hispanos luchadores y emprendedores que quieren salir adelante. A ellos ofrece asesoría, acompañamiento, capacitación y sus conocimientos si lo necesitan. "Siempre hay que cultivar relaciones para nutrirnos como profesionales, porque del apoyo de quienes te rodean depende tu escalada al éxito".

Debido a que es vicepresidenta del Comité de Membresías de la empresa, tiene el punto de enlace cuando se incluye un miembro nuevo o cuando alguien que ya lo es desea aclarar dudas. De hecho, cada miércoles hacen una reunión de una hora comenzando a las 7:15 pm, durante la cual el participante va cumpliendo con una serie de proyectos y al cabo de un tiempo que él mismo determina, alcanza un certificado como comunicador competente, el cual le empodera a nivel internacional.

"La comunicación es de vital importancia porque la forma como te expresas, la forma de transmitir tus ideas, define tu ruta de avance. Me encanta compartir la experiencia porque además nos ayudamos a crecer, se logra un bonito ambiente de equipo".

Mantuvo la confianza

Cuando a Sheyla le preguntas qué fue lo más difícil de enfrentar en este país, inmediatamente responde que el mismo de todos los inmigrantes: los documentos de legalidad. Llegué a un punto en que me habían negado la residencia y hasta me dieron una carta de salida del país. Pero gracias a una buena abogada cubana perteneciente a una organización sin ánimo de lucro, salimos airosos del proceso. Me aferré a Dios, no por la emergencia, sino porque él es bueno y me trajo a este país a realizarme como mujer.

A veces nos da miedo enfrentar situaciones difíciles, "yo sufrí de mucha ansiedad y hasta de ataques de pánico. Pero la oración de mi mamá y mi conexión con Dios me ha ayudado a vencer temores. Ya en la actualidad soy ciudadana americana y el regalo de la notificación la recibí este año el mismo día de mi cumpleaños. ¡Mira cómo es Dios de especial!".

Si da un vistazo hacia atrás, es posible que hubiera tenido más paciencia con las cosas que Dios ya había prometido. "Como seres humanos nos desesperamos y queremos que todo salga a nuestra manera, así que tal vez en mi pasado podría haberme apresurado menos y evitar algunas equivocaciones. También hubiera tenido más tolerancia. Hoy en día estoy en paz, disfrutando de un hombre bueno unido a mí como Dios manda".

Reencontrarse

Uno de sus más grandes sueños es viajar a Perú a visitar a una amiga muy querida y a Colombia para reencontrarse con sus afectos familiares. A la vez, tiene planes de ir a Milán (Italia) a recibir calor de familia de su abuela.

En el plano profesional tiene en mente formar un negocio junto a su esposo, ya que se han dado cuenta de que trabajar para alguien da beneficios momentáneamente, pero es una etapa de la vida. Emprender es necesario y hacia ese objetivo están enfocados. "En lo sentimental estoy felizmente casada, establecer mi familia sigue siendo uno de mis anhelos".

Y no puede dejar de mencionar su motivo de inspiración: ver a su hijo feliz. "Mi hijo es mi tesorito. Tener a Dios en mi corazón es también razón de felicidad; no sé dónde estaría si no tuviera ese sustento diario que recibo cuando le pido nuevas fuerzas".

Nuevas oportunidades

Pese a que aún no ha llegado al punto donde quiere, actualmente está trabajando en radio y le encanta, es una estación cristiana. Previo había tomado unos talleres de locución y poco tiempo después la radio le abrió las puertas y hasta el momento ha sido una experiencia fabulosa. "He tenido la oportunidad de entrevistar gente importante de la música cristiana, conocer personas valiosas y comentar sobre diferentes temas de la actualidad". Su firmeza y experiencia le permite aconsejar a sus paisanas: No importa la situación por la que atraviesen en el camino, hay que persistir y saber lo que quieres. "Seguramente habrá personas que intenten sembrar miedo, pero no prestes atención a los ruidos. Las bendiciones toman tiempo, pero cuando llegan debes estar preparada".

"Hay que ser más prudentes, poner menos emoción y dejarse guiar más por el espíritu".

39- TINA FLOYD

La mujer hispana le echa ganas a la vida

Tina Floyd es una mujer multifacética. Pisó las tablas de un teatro como actriz, vendió miles de discos como cantante, compartió pantalla de TV con su padre en un programa de cocina, ama un micrófono de radio y es psicóloga. También es pastora cristiana a quien lo que más le importa en esta vida, además de cuidar con las garras bien abiertas a su esposo e hijos, es presentar a más personas el Reino de Dios. Confiesa, entre risas pero muy en serio, que quiere "vaciar el infierno". Se propone cada día ganar almas para Dios desde su ministerio pero también desde la cotidianidad. Siempre hay alguien que necesita oración y sanación.

Tina es colombiana y llegó a los Estados Unidos a vivir en Miami hace 17 años. Antes la música era su vida, por ella peleaba y luchaba.

Tuvo una carrera prominente tanto en Colombia, Puerto Rico y los Estados Unidos, con nominaciones a Premios Billboard. Hizo conciertos en muchas ciudades del país. Llegó a vender 250 mil copias, pero ahora la música es la mejor forma de relacionarse con Dios, es la forma para expresarle extravagantemente que lo ama y puede decir que es la forma más íntima que tiene con Dios. Le encanta compartirlo con la gente.

Es cantante por llamado, no por vocación ni pasión. Aunque confiesa que es una pasión que la ha mantenido viva porque aunque algunas cosas en su vida no funcionaron, la música siempre le ha acompañado en momentos de dolor y oscuridad.

Cuando su talento era para el mundo y no para el cielo, se creía un poco menos que Dios (risas). "Fui actriz, modelo, hice carrera en radio y TV. Pero no tenía los pies en el suelo, creía que todo era por mis dones, talentos, porque ¡wow! era simplemente yo. Durante muchos años me creí más que muchos. Tuve una relación pasada donde mi pareja intentó matarme lanzándome de un tercer piso. Y en ese momento, con semejante golpe moral, me di cuenta de que los demonios me tenían atada. Yo creía que sabía mucho. Pero vino un desierto donde tuve que ceder. Dependiendo de la cantidad de cosas que debas dejar así será la caída. La mía fue de tres pisos".

La mujer hispana lo puede todo

Los logros de las hispanas me dan alegría porque siento que se están preparando. Tienen hijos pero también alcanzan una carrera profesional, mantienen su matrimonio en paz y siguen adelante. Aquí donde vivo veo mujeres que están manejando dinero, son exitosas y tienen varios hijos. Me da mucha alegría que estén echándole ganas a la vida.

Entre la radio y la psicología

Desde hace tres años mantiene al aire un programa de radio llamado Vida Balanceada, nació porque ya contaba seis años lejos de los micrófonos y le hacía falta. "Un amigo me propuso hacer un programa para la familia, y a mí me apasionan tres temas: la sexualidad, los niños y las parejas. Así que pude organizar un paquete de conferencias de cinco minutos y hablo todos los días de temas cotidianos, de la vida diaria, tomando como base los principios bíblicos".

El rol de psicóloga lo cumple desde el año 1997 cuando egresó de la Universidad Javeriana de Colombia. "He trabajado junto a mi esposo bastantes casos de identidad de género, ayudando a niños, jóvenes y adultos, y desde la Palabra entendemos el orden natural de la vida. También tenemos diseñados retiros, charlas y conferencias para parejas. Actualmente trabajamos con más de una docena. Me fascina estar dentro de una oficina y delante de mucha gente hablando, con bulla, micrófono y demás".

Actualmente es que Tina se da cuenta de lo mucho que le ha servido su título universitario. Porque antes, durante 28 años, peleó con su mamá quien, pese a todo, le aconsejó graduarse. Muchas cosas hacen feliz a esta hispana. "Durante el tiempo que estuve en teatro y TV disfrutaba mucho aprenderme los capítulos de memoria. También tuve un programa de cocina con mi papá durante cuatro años. Recuerdo con mucha gracia que una vez casi quemamos el set de cocina haciendo un postre flameado".

Ahora disfruta mucho compartir con la gente, el tiempo de lo secreto. Porque antes todos sabían quién era Tina, pero ella no sabía quién era nadie. Le encanta compartir con sus tres hijos varones; Acompañar al mayor en sus competencias de gimnasia artística, ir a los conciertos del segundo hijo que toca clarinete y del menor que ejecuta la flauta. Le hace feliz el tiempo de pareja con mi esposo. Le ilusiona el proyecto de abrir un pre-escolar.

Una vida de retos

El primer reto que debió superar para llegar donde hoy está fue dejar de creerse bruta, porque antes lo creía. "Cuando pequeña sufría de dislexia y me costó aprender a leer. Fue un reto superar el rechazo. Incluso familiar porque mis hermanos me criticaban por ser la loca, la artista. Otro reto fue venirme a los Estados Unidos. Nadie de mi familia daba un centavo por mi carrera artística, pensaron que era un capricho de juventud. Me costaba mucho estar en grupos, así que ser una persona normal fue un reto muy duro. Lo que parece más normal para la gente es lo que más me ha costado".

El mundo de hoy necesita oración. Se viven tiempos finales, apocalípticos totalmente. El futuro es el resultado del presente, así que Tina sigue trabajando en sus sueños y en cinco años se ve como directora de un gran colegio o universidad, con una iglesia de al menos siete mil personas. Con ocho libros. Se ve feliz y con más ganas de más cosas.

Por eso comparte su ánimo con las hispanas que también llevan su corazón lleno de sueños e ilusiones. "Las hispanas necesitan legalidad. Creo que hay muchas que no están preocupadas por el tema. También hablar bien inglés porque abre puertas que nunca imaginé. Es necesario cuidar las relaciones, orar por las personas que te rodean. Hay quienes querrán quitarte lo tuyo, o entorpecer tu camino. Los latinos a veces somos folclóricos y no pensamos en sembrar. Hay que sembrar, eso me lo han enseñado bien los americanos. Hay que ser más prudentes, poner menos emoción y dejarse guiar más por el espíritu. Creo en la mujer casada de la iglesia, porque la que verdaderamente espera en el Señor recibe su esposo".

"Desde que llegué
le he dado mucho valor a dos cosas:
la educación y la salud.
Así que en cinco años quiero que
todo lo que este país me ha dado en
estrategias y conocimientos, pueda
llevarlos a países con más necesidad
en Latinoamérica".

40- VALERIA PACHECO

En salud es mejor prevenir que lamentar

Servir le deja un mejor sabor que ser servida, y más aún cuando se trata de la salud de la comunidad hispana en Atlanta. Se trata de Valeria Pacheco, una nicaragüense llegada hace 14 años a los Estados Unidos gracias a una entrada académica pero con una transformación hacia el servicio que busca expandir hacia muchos lugares de Latinoamérica. Es la Coordinadora del Programa de Oncología de Northside Hospital de Atlanta, desde donde diseña y ejecuta campañas educativas y preventivas acerca de la patología, en sectores necesitados de la sociedad sin importar el estatus migratorio o la condición socioeconómica.

Insiste en la necesidad de acudir a chequeos preventivos de salud, porque aunque invada el temor de encontrar alguna irregularidad es mejor detectarla a tiempo que abrirle la puerta a la muerte

Valeria cuenta su historia de realización profesional en este país y de seguro nos dará pistas inspiradoras de cómo alcanzar nuestra propia ruta al éxito.

Llegó gracias a una beca universitaria que la sacó de donde estaba muy feliz: Nicaragua. En el verano del 2003, conoció a un profesor de Thomas University of Georgia que llevaba grupos de estudiantes de geología y biología a investigaciones en su país, quien le otorgó una beca de estudios luego de ayudarle con su grupo de alumnos. Un año después, se estaba mudando a los Estados Unidos para culminar la carrera de Administración de Empresas.

La misma familia del profesor le ayudó a conseguir un trabajo en Birmingham, Alabama, en la UAB, y ahí empezó su carrera profesional en el Departamento de Oncología. Fue beneficiada con el pago de una maestría y luego llegó a Northside Hospital de Atlanta.

Allí, es la encargada de diseñar, desarrollar e implementar estrategias que promuevan el acceso a los programas de prevención y tratamientos de cáncer que se ofrecen en el instituto. En el departamento se aseguran de que todos los programas ya sean de educación, diagnóstico, tratamiento o apoyo de supervivencia, se ofrezcan a toda la comunidad por igual. "En el 2018 me enfoqué en que el programa de cáncer de próstata llegara desde su visión preventiva y educativa especialmente a los sectores más necesitados. Lo logramos con alianzas con instituciones como la Asociación Latinoamericana y con una iglesia, y aumentamos el número de chequeados gratuitamente de 34 a más de 140 en una jornada. De los que resultaron diagnosticados como positivos, les conseguimos ayuda financiera y la posibilidad de recibir su tratamiento".

Los chequeos gratis se ofrecen a lo largo del año por medio de los cuatro puntos de atención: Atlanta, Alpharetta, Cumming y Canton. Se ofrecen de 5:30 a 8:00 de la noche para que tengan acceso luego de sus trabajos. El otro formato es con la organización comunitaria entre instituciones, iglesias y más durante los fines de semana.

El servicio te cambia la vida

Existen dos frases importantes en las que se apoya la vida de Valeria. La primera es de Gandhi: Sé el cambio que quieres ver en el mundo. Y la segunda es del Evangelio de Mateo: Ustedes son sal y luz del mundo.

Esos mensajes fueron los que le impulsaron a entender que todo lo que haga en este mundo tendrá un impacto en la vida de las personas, ya sea por su trabajo o por cualquier otra actividad que decida emprender.

Además que si se trata de salud mucho más. Es de vital importancia educarse sobre temas de prevención y cura. "Con respecto al cáncer, la educación puede ser determinante entre la vida y la muerte. No se trata de una gripe, ni una fiebre, sino de algo que puede desencadenar la pérdida de la vida. En mi área de cáncer de próstata vemos que la mayor cantidad de muertes se produce por un diagnóstico tardío. Si hubiese mayor prevención, el índice de supervivencia sería más alto".

Valeria reconoce que en ocasiones le cuesta llegar con los programas de despistaje hacia el hombre hispano, probablemente por su condición legal o por machismo. "El miedo de la comunidad hispana a andar por las calles es alarmante, por eso me apoyo en el trabajo de mi equipo, el cual incluye incorporar a instituciones latinas para ganar confianza y entenderles desde cerca.

En este tiempo me he dado cuenta de que las mujeres son unas campeonas, porque son las que inscriben, acompañan, hacen la cita y las que deciden más. También me ha tocado hablarle fuerte a los hombres planteándoles el panorama de posible muerte si no se practican un examen".

No tiene palabras para expresar lo que siente por dentro cuando una jornada culmina. "Es muy gratificante sentir los gestos de cariño, gratitud y abrazos, los cuales son incomparables con las cosas materiales que tengo. Ellos saben que me importa su vida, más allá de sus problemas migratorios o de cualquier otra índole".

Siente que todo cuanto ha logrado en su vida lo ha inspirado su madre, pilar fundamental en su vida luego de Dios. De ella ha aprendido el amor, la pasión y la integridad para hacer todo en la vida. No importa qué tan largo sea el camino, debemos recorrerlo con trabajo y esfuerzo. "Mujeres, no se den por vencidas, a mí me dijeron que no lo lograría, pero aquí estoy. Sí lo logré".

Luchar pese a las trabas

Lo más difícil de lo que hace es saber que a pesar de todos los esfuerzos que hacen las instituciones por llevar gratuitamente algunos programas, faltan muchas personas porque se enteren. Predomina la desinformación, pero también hay gente que trabaja por minimizar esas brechas.

"Desde que llegué le he dado mucho valor a dos cosas: la educación y la salud. Así que en cinco años quiero que todo lo que este país me ha dado en estrategias y conocimientos, pueda llevarlos a países con más necesidad en Latinoamérica. Ojalá logre las conexiones adecuadas y pueda compartir los programas de atención".

Como mujeres tenemos dos caminos: crecer como persona y expandir los horizontes. Desde que llegué abracé mis obstáculos, decidí aprender y decirles de frente que no me iban a vencer.

Por eso Valeria seguirá luchando para que la salud se convierta en una prioridad de la comunidad hispana. "No es que no quieran atenderse, es que tienen problemas migratorios y eso hace que en la mente predomine la necesidad de sobrevivir. Pero incluso es cultural, porque en Latinoamérica la medicina es más curativa que preventiva".

Valeria asegura que Dios no debe faltar en su vida cuando se trata de alcanzar el éxito. De hecho, no debe faltar nunca.

"Los latinos tenemos un punto a favor y es que sabemos hacer un poco de todo, así que no debemos bajar los brazos aunque el proyecto tome más tiempo de lo que quisieras".

41- VERÓNICA MUÑOZ

Éxito con aroma de café

A Verónica Muñoz nunca le han dado miedo los retos. Es joven y bella, dos virtudes que han estado a su favor; pero realmente han sido su olfato para los negocios y la osadía para emprender las que le han hecho caminar por el sendero hacia el éxito. Esta joven costarricense vive en los Estados Unidos desde hace 17 años, cuando llegó en busca de un futuro prometedor. Trajo buena base: excelentes valores familiares. Así que la fórmula de la prosperidad no respondió a magia ni a suerte, sino a constancia y disciplina. Actualmente dirige su empresa familiar Coffee Tica, una importadora y comercializadora de Café de Costa Rica.

"Soy una mujer de Costa Rica y eso define en buena parte quién soy. Todavía sigo en el proceso de conocerme, tengo mucho por encontrar y aprender de mi misma. Llegué a este país cuando tenía 18 años y ya tengo 35 de vida.

Vine buscando oportunidades porque desde muy pequeña me ha gustado el emprendimiento, fui siempre muy extrovertida y aquí ahora tengo un nuevo estilo de vida. Venir ha sido de bendición porque he recibido apoyo en alcanzar mis metas".

Su personalidad arriesgada y abierta a las nuevas ideas parece que fueron bien recibidas en Estados Unidos, porque vieron con buenos ojos que quisiera emprender. Verónica siente que llegó a su nicho, porque consiguió la posibilidad de desarrollar lo que quería hacer.

Sus dos abuelos dedicaron su vida al cultivo de café en Costa Rica, pero ella fue la única que se motivó a seguir trabajando con café, por eso crearon una empresa importadora del producto hacia este país.

Abuelos que inspiran

Por ser figuras importantes en la vida de Verónica, los abuelos ocupan un lugar importante en el día a día de su empresa. Cuenta de que ambos eran productores de café convencional, tenían muchas hectáreas sembradas y en cada cosecha recuerda que iban en manada de primos a recolectar a la siembra, pero no como un trabajo sino como un pasatiempo. Pasaron los años y se fue dando cuenta de lo que significaba el consumo de café para la gente adulta.

"Aunque en mí producía en un efecto negativo, me ponía hiperactiva y me daba malestar. Así que no fui más a la finca y dejé de un lado las siembras".

Pero llegó el momento de emigrar y durante sus estudios en la universidad inició una investigación sobre el café orgánico. Así que reactivaron la finca de sus abuelos y con su legado, decidieron producirlo e importarlo a Norteamérica con la empresa Coffee Tica.

"He aprendido mucho en el proceso, desde sembrar la mata de café y esperar entre dos y tres años hasta que diera sus primeros frutos, hasta todo lo que implica el proceso de comercialización".

Cuando es consultada sobre dónde quedan los sentimientos cuando se trata de negocios, Verónica responde, sin titubear, que "hay que pensar con cabeza fría porque las emociones y el sentimentalismo te pueden nublar la mente de posibles consecuencias. Fue una gran lección diferenciar que representas un legado de familia, pero al mismo tiempo ser estratégico para que la actividad comercial continúe.

He aprendido que las mujeres somos más vulnerables a situaciones y eso está bien. A veces creemos que entrar a un negocio donde los hombres predominan no dejará lugar para las emociones, y no es así. Creo que la intuición femenina nos hace exitosas".

Dios es la armonía del trabajo

Para Verónica, Dios ha sido quien ha logrado que las cosas fluyan de una manera adecuada en el negocio. "Cuando estamos entre familia, predominan las expectativas y salen en el momento del trabajo si no son bien manejadas, así que me ha funcionado dejar en manos de Dios aquellas cosas que creo no puedo manejar.

El mercado comercial es competitivo. Así que cada cosa debe estar en su lugar. "Hay marcas haciendo cosas impresionantes e invirtiendo grandes cantidades en mercadeo para posicionarse en este monstruo de país, pero he aprendido a no ver a la competencia porque cada concepto tiene su audiencia. Tengo una buena relación con tostadores de otras marcas e incluso les vendo café verde cuando les falta. Así que abriendo la mente hay mayor posibilidad de crecimiento y mejor relación de negocios. Hay que diversificarse y ser flexible".

Un desafío a pasar es invertir en la entrada a un supermercado o a un coffee shop. Se trata de aprender a ser estratégico porque lo importante es proteger la sanidad de la marca e identificar realmente al público al que quieres llegar.

Café que llega online

Para la distribución del producto lo hacen al detal por Amazon.com o en línea a través de la página www.coffeetica. com. También al mayor en restaurantes, oficinas, cafeterías y otros lugares que muestren interés en servir o vender café de Costa Rica. También trabajan con otras marcas porque entendieron que diversificar los servicios significa beneficios a largo plazo.

Sobre incursionar en otras áreas de negocios, Verónica no descarta probar a corto plazo. "Es importante siempre estar abiertos a entender que el éxito no siempre viene de qué tanto vendas, sino de tu crecimiento como persona y empresario.

Hay aquellos que creen que emprender un negocio es la solución a un problema socioeconómico, pero realmente se trata de identificar si vas a resolver un problema personal o es algo que te apasiona con disposición de afrontar los retos que vengan. El camino no es fácil y hay que estar preparadas, hay que conocerse bien a sí mismas".

A las hispanas soñadoras les dice que *"busquen alianzas estratégicas con otras mujeres empresarias y aprendan de lo que les ha funcionado. Hay muchos recursos y a veces no los conocemos. Rodéate de personas que te animen a salir adelante. Las hispanas están caracterizadas por la humildad y así llegarán más lejos".*

"Luchar por causas justas es para mí un motor que marca diferencia en toda una comunidad".

42- VERÓNICA TOSCANO

Servir da felicidad

Verónica Toscano de Leger es una mujer que da lo que tiene: Conocimientos, asesoría, orientación, apoyo y aliento. Es servidora a tiempo completo y aunque pareciera que entrega mucho, es más lo que recibe en agradecimiento, bendiciones y cambios positivos en la gente.

Esta mexicana, oriunda de Guanajuato, llegó hace 21 años a los Estados Unidos y actualmente asegura que alcanzó su realización ayudando a la comunidad hispana, especialmente a sus paisanos. "Yo vivo para servir".

Se presenta como una mexicana originaria de Salamanca, Guanajuato, uno de los estados más bellos de su país. Es mamá orgullosa de dos varones, de 16 y 19 años, mujer muy espiritual porque le relaja y le ubica en la realidad, también representa a la oficina de Guanajuato en Georgia.

Ayudó a fundar Casa Guanajuato. Romper barreras la llevó a estudiar idiomas "porque siento que desde pequeña tenía la necesidad de comunicarme con otras personas. Siempre leía revistas y textos sobre otras culturas, por lo que nació en mí la necesidad de conectarme con personas en el mundo".

Su principal ámbito de servicio es la comunidad hispana en Georgia, lo cual considera un privilegio. "Conocer sus historias de vida, ayudarlos en situaciones difíciles de su día a día, brindar aunque sea una palabra de aliento, una sonrisa, me hace sentir gran satisfacción. Me siento bendecida, porque es grande sentir y saber que puedo marcar un cambio en la vida de la gente".

De todo cuanto ha podido hacer, la mejor experiencia es acercar a los miembros de una familia. Procurar una mejor comunicación entre papás, mamás e hijos es muy gratificante, porque a veces olvidamos que lo más importante de nuestra vida son los hijos. "Lo mejor de poder participar es que he sido testigo de cambios positivos importantes tanto en la iglesia como en las escuelas. Por ejemplo, una mayor participación de los papás en las actividades del niño, lo cual se traduce en una mejor estabilidad del niño en su vida futura".

Casa Guanajuato educativa

La Casa Guanajuato fue fundada en el año 2010 y fue la primera en su estilo de ayudar al inmigrante guanajuatense. La idea es promover actividades educativas, recreativas y sociales en los Estados Unidos y en sus lugares de origen, se ayuda con información, escuela virtual y recursos a los que requieren apoyo. Es un trabajo conjunto con el Gobierno de Guanajuato.

Desde pequeña, a Verónica le ha gustado el servicio. Era líder desde la escuela y ayudaba al que lo necesitara, especialmente a las minorías, protegía a los más vulnerables.

Desde ese momento supo que el servicio traería grandes alegrías a su vida. Acerca de los retos que enfrentan las inmigrantes hispanas, cree que uno de los aspectos más resaltantes es la igualdad de género en diversos ámbitos como el campo laboral, social, entre otros. También se produce un impacto sicológico y social por las diferencias culturales. "A veces las mujeres somos estigmatizadas por las cargas culturales, por llevar el sostén económico del hogar y por las culpas que genera haber dejado a los hijos, aunque sea temporalmente".

Incluso para ella misma hubo desafíos que vencer. "Fue duro dejar mi país con mi gente incluida, mi cultura y entender la que me recibió. Porque, aunque venía de visita regularmente no es lo mismo ser turista que residente. Afortunadamente el idioma no fue problema, pero sí adaptarme a un nuevo país. Mi esposo nació en Louisiana y tuvo mucha paciencia en mi período de adaptación. Quise regresarme, pero él me ayudó a adaptarme. Su amor fue fundamental".

Una vida llena de anhelos

Ver a sus hijos realizados es lo más valioso e importante. El grande ya está en la universidad y al pequeño le faltan dos años para graduarse del High School. Quisiera viajar más con su familia, dedicar más tiempo a conocer otras culturas. También leer un poco más y escribir historias de tanta gente que ha conocido.

La visión de futuro la lleva a proyectarse. "Quisiera ver a mis hijos graduados y seguir trabajando en lo que me gusta. No sé dónde estaré en ese tiempo, pero dondequiera que sea seguiré ayudando, porque amo mi trabajo, me encanta comunicarme con la gente. Luchar por causas justas es para mí un motor que marca diferencia en toda una comunidad".

Por eso tiene como lema de vida la enseñanza de Santa Teresa de Calcuta: "El que no vive para servir, no sirve para vivir", el cual invita a ayudar, a darnos, y en esa medida recibiremos. Entre más apoyo brindes a tu comunidad, recibirás más de lo que puedas imaginar.

Verónica admira profundamente a los inmigrantes porque dejan todo por buscar una mejor vida. "Y a los que conozco, siempre los veo con una sonrisa a pesar de las circunstancias que viven día a día. Su única misión es mandar ayuda para su familia incluso olvidándose de sí mismos". Por eso recuerda con insistente frecuencia lo enseñado por su mamá: luchar por tus sueños sin importar qué tan grandes sean.

Cree que el liderazgo de la mujer latina está tomando más fuerza en diversos ámbitos. Ve un futuro esperanzador y positivo, porque está cambiando el estereotipo de la mujer latina. *"Así que mujer, siéntete orgullosa de ser hispanas. Tu identidad es la que te hace fuerte ante los demás. También hay que ser agradecidas con lo que tenemos y con el país que nos está acogiendo".*

"Todo ha sido una enseñanza, de los errores he aprendido y he llenado mi corazón, especialmente porque en este país conocí a Dios".

43- YESICA MURILLO

Vivir con un plan bien trazado

Estar clara en aquello que quieres y luchar por ello con un esquema ordenado hasta alcanzarlo, es la mejor inspiración que nos deja una amena conversación con Yesica Murillo, una peruana especialista en marketing que pasó, en pocos años, de tener seis trabajos de casi cualquier cosa a ser la dueña de su propia empresa con proyección internacional.

Llegó sola a los Estados Unidos. Al año pudo traer a sus hijos. Y aunque no fue fácil el inicio, hoy confiesa que sería capaz de repetir todas y cada una de las cosas que hizo porque el aprendizaje y el privilegio de haber conocido a Dios en este país, son invaluables. En su natal Perú estudió Administración de Empresas, pero el marketing siempre le hizo cosquillas por su facilidad de generar ideas, comunicarse con la gente y negociar con medios de comunicación.

Así que aquí, fundó su empresa llamada PA Media Marketing Group, especializada en campañas publicitarias y asesora integral de imagen, diseño gráfico, redes sociales y más. Yesica nos abre las puertas de su corazón y sin complejos, nos revela cuál ha sido el secreto de su éxito como hispana en los Estados Unidos.

Reconoce que fue difícil dejar su país porque el primer año vino sola y luego trajo a sus hijos. "No es fácil llegar a un lugar donde no conoces el idioma, la cultura y tantas otras cosas. Además que prácticamente ser profesional no vale de mucho al principio porque toca comenzar de cero y demostrar que estás capacitada para hacer muchas cosas. Vine con un objetivo, con un plan a diez años y gracias a Dios se ha cumplido. Aquí las cosas son más ordenadas y van a un ritmo de mil por hora que si no te subes al carro, el carro te deja. Aunque fue duro emigrar, valió la pena porque logré lo que me había propuesto para un lapso menor a 10 años".

No le ganó el idioma

El idioma fue el primer reto que Yesica debió enfrentar, ya luego debió acostumbrarme a no parar de trabajar porque a diferencia de nuestros países aquí no da tiempo de juntarse con la familia a almorzar o tener vacaciones.

Cuando llegó tenía seis trabajos porque debía pagar renta y otras tantas cosas. Pero como Dios estaba en su vida y además ella puso de su parte, las cargas fueron más llevaderas. El secreto está en aprovechar todas las oportunidades. Al principio trabajó siete años en Mundo Hispánico como ejecutiva de cuentas, luego en Clear Channel y finalmente en Univisión. Pero llegó el momento de iniciar su propia empresa, y así lo hizo.

La mujer hispana puede convertirse, sin complejos, en una mujer de negocios.

Por ello debe mantener valores como la transparencia con sus clientes y con las personas con quienes hace negocios. Hay que mantener la lealtad. "Muchos de mis clientes me contratan no solo por la ejecución de los planes que proponemos, sino por la lealtad y la ética en el trato, más allá del dinero".

PA Media Marketing es una compañía donde se crea la estrategia y la campaña publicitaria, tanto local como internacionalmente, si el caso lo amerita. Yesica trabaja con clientes americanos que desean enfocar sus campañas hacia el mercado hispano. Con abogados hacen foros internacionales sobre inmigración, incluso han ido a Colombia, Chile, Perú y otros países de Latinoamérica. "Hacemos todo lo relacionado con marketing: diseño de logos, imagen, contratos con los medios de comunicación, eventos, redes sociales, y más".

Esta especialista en marketing aprende de todo y todos cuantos pasan por su vida. "Los clientes grandes son muy exigentes, no paro de trabajar y esa es la principal enseñanza. Me exige ser creativa y pensar en grande, lo cual me hace crecer y me obliga a verme bien porque además soy su imagen".

Fuertes y sin miedo a fallar

Los hispanos tenemos muchas fortalezas, somos capaces de hacer cosas grandes y por eso Yesica trata de relacionarme con aquellas personas que le dejan una enseñanza. En capacidades, los hispanos podemos lograr todo cuando nos proponemos. Entre las debilidades podría considerar el miedo a fallar y el temor a lo grande. Pero ya luego que se supera, te das cuenta de que con hambre de crecimiento y disciplina logras lo que sea. Y precisamente para la comunidad hispana también existe apoyo irrestricto.

"Cuento con buenos clientes que me respaldan en ideas por ejemplo para iniciativas humanitarias como cuando en nuestros países hay víctimas por algún desastre natural. Solo les digo: debemos hacer algo, enviemos un contenedor con ayuda. Y lo hacemos".

El 2018 fue un año muy positivo porque llegaron algunos reconocimientos, aunque a veces no lo entiende ni lo espera porque solo hace lo que le gusta. "Uno de ellos me lo otorgó el Gobierno de Perú como mejor empresa peruana en el extranjero, entre otros, como una nominación al Emmy por un comercial de TV".

Sin complejos, reconoce que si le tocara vivir de nuevo todo lo que ha vivido lo haría, no cambiaría nada. Todo ha sido una enseñanza, de los errores ha aprendido y ha llenado su corazón, especialmente porque en este país conoció a Dios".

Un paso hacia el futuro

En cinco años se ve con una proyección un poco más nacional. Quiere tener oficinas en otros estados, lo cual sería un sueño hecho realidad. También expandirse a nivel internacional, porque hasta ahora tiene solo una oficina en Perú y grupos de trabajo en otros países. Quisiera incursionar en campañas políticas, pero más adelante.

Apoyada en su propia experiencia, aconseja a las hispanas que nunca dejen de luchar, tengan siempre una meta y una estrategia para lograrlo. En principio casi siempre hay impedimentos, pero si demuestras que tienes capacidades lo puedes alcanzar. Nunca dejen de soñar, pero también siendo realista, trabajando duro y esperando que lleguen las bendiciones. *Pónganse en el lugar del otro y generen una buena idea, cubran las expectativas de quienes les dan un empleo. Marquen la diferencia.*

"Lo que sí es determinante para el éxito, es que en la vida del niño haya alguien que lo quiera incondicionalmente,
no importa si es su mamá, abuela, maestra, primo u otro. Que crea en él".

44- MARITZA MORELLI

En la educación los niños deben ir primero

Sensible por naturaleza, estudiosa por vocación y soñadora por convicción, es Maritza Morelli quien se desarrolla entre la alegría y la mente siempre sorprendente de niños en etapa de formación académica, gracias a su trabajo como directora de la organización Los Niños Primero.

Es psicóloga graduada en la Universidad Central de Venezuela y venida a los Estados Unidos a cumplir con una misión que Dios pondría en su camino años después de haber escogido su nuevo lugar de residencia: trabajar cada verano con decenas de niños latinos en su formación en valores, conocimientos y visión crítica de la vida.

"A los niños hay que enseñarlos a resolver problemas, no ponerlos a repetir lo mismo encerrados en un salón de clases", considera.

Su llegada a nueva tierra fue en un diciembre hace 28 años, y la razón por la cual se mudaron fue una oferta de trabajo del entonces su esposo. Eran una familia en formación, con una niña pequeña, y les pareció una buena oportunidad para experimentar. La meta grupal era estar solo dos años, pero el plan salió diferente.

En casi 30 años, la vida ha estado llena de retos. Uno de los primeros fue aprender el idioma, el cual le abría a Maritza una ventana a la cultura americana; pero como no tenía el dominio del idioma, no podía expresar la complejidad de sus pensamientos. Otro reto fue entender que nadie le conocía en este país, era literalmente casi invisible en el universo. No obstante y pese a su aparente pequeñez, supo que desde el punto de vista humano sí tendría mucho que aportar.

Servir para transformar la infancia

La organización Los Niños Primero nació como iniciativa de la iglesia presbiteriana de Mount Vernon, en Sandy Springs, Georgia. Dado a que los niños latinos entran a la escuela pública con un retraso educativo de dos a tres años, la iglesia quería hacer algo para ellos en época de verano pero no sabía cómo hacerlo. Maritza para entonces, trabajaba en las escuelas del condado de Fulton y le llamaron a participar como directora de uno de los programas.

"Me parecía una extraordinaria oportunidad para ayudar a mi comunidad y poner en práctica mis conocimientos. El programa tenía como función impartir formación a niños durante dos semanas del verano, así que comencé con 17 pequeños en edades de tres a seis años. Actualmente, gracias al crecimiento, tenemos más de 500 familias en el programa y hemos beneficiado a más de 1500 niños".

Y pese a que muchos pudieran estar primero en la sociedad, como ancianos, enfermos o personas con alguna discapacidad, Maritza cree que en el tema de la educación ese lugar lo ocupan los niños. "En ellos estamos preparando a las nuevas generaciones y yo tengo la esperanza que sean personas más humanas, con más vocación de ayuda a la sociedad. Es como un canto a la esperanza. Siento gran satisfacción de poder ayudar a nuestras comunidades porque soy parte de ellas, así que las entiendo. Es muy positivo ver que cuando ofrecemos una oportunidad a un niño y su familia, ellos responden. El bien que haces, se multiplica".

Ya la organización que ayudó a fundar cumplió 18 años, son 18 veranos creciendo. Se siente abuela de nuevas generaciones.

Valores desde los primeros años

Se sabe que desde el embarazo el niño recibe estímulos de la madre y ya luego de su nacimiento los conocimientos se van aprendiendo con el ejemplo que reciben de sus padres. Aprenden lo que está en su entorno, sin poder generalizar, pero sí sabiendo que son una esponja que absorbe todo lo que ven y oyen. El niño de hoy es más crítico y es capaz de responder a una corrección si el mismo padre no es coherente entre decir y hacer. Por ende, los valores que se siembran en esa tierra nueva del corazón de un niño no pueden ser una cosa al azar.

Esta educadora, además cree que "las hispanas hemos trabajado muy duro y por eso debemos saber que tenemos un valor. Lo importante es preguntarnos cada día 'qué me motiva, qué me impulsa' cuando me relaciono con otro ser humano. Por la velocidad en la que vivimos, a veces olvidamos ser empáticos con la vida del otro. Debemos ponernos en su lugar y ser abiertas a los cambios del mundo".

Comparte que la Organización Mundial de la Salud ha dicho que la enfermedad mental será en el año 2020 la número 1 en el mundo. "Como adultos, siento que nos les estamos prestando la debida atención a nuestros niños, una de las razones es porque a veces los adultos también estamos buscando respuestas a nuestros propios problemas y no tenemos el estado mental para hacerlo. Una de las cosas que hago con los adultos es trabajar las frustraciones que llevan dentro, no sabemos cómo manejar el fracaso siempre queremos ganar y tener siempre la razón. Hablando con jóvenes también me he dado cuenta de que hay una crisis de valores. Muchos de ellos no se consideran personas valiosas y hay problemas con la autoestima sana. Hay demasiada importancia por lo material".

Por eso la estructura familiar juega un papel muy importante en la sana educación de los niños. Sin embargo, hay estudios que han demostrado que niños con estructuras disfuncionales o con severas restricciones financieras, también pueden ser exitosos. Lo que sí es determinante para el éxito, es que en la vida del niño haya al menos una persona que lo quiera incondicionalmente, no importa si es su mamá, abuela, maestra, primo u otro. Lo esencial es que crea en él.

En la educación de un pequeño nunca debe faltar el respeto y la disciplina. Es necesario promover que las cosas se ganan con esfuerzo, estimularlos a que trabajen por lo que ellos quieren y no todo les sea dado.

Futuro creciente

Maritza ve a futuro que Los Niños Primero sea una organización creciente y con expansión hacia otros estados del país. De hecho, ya tienen cinco localidades. "En mi vida personal quiero seguir creciendo y aprendiendo, con una actitud de sorprenderme ante lo nuevo".

Se considera un ser humano que ha logrado cosas importantes y hablar de realización es como ponerse un tope. "Soy una mujer en constante aprendizaje porque creo que siempre hay algo más por lograr. Soy aprendiz por naturaleza".

El valor que predomina en la vida de Maritza es la sinceridad, como método de enseñanza eliminaría las barreras que impone un salón de clases y se inspira en aquellas personas que han tenido un desarrollo espiritual importante como Mahatma Gandhi, la madre Teresa de Calcuta y el Dalai Lama.

"Siempre habrá barreras, sea al país al cual llegues. Pero no pueden ser más fuertes que las ganas de salir adelante y a los sueños que traes".

45- ENEIDA GONZÁLEZ

Vuela como águila con el corazón agradecido

A Eneida González le sale pasión por la piel. Es mujer de trabajo, con principios familiares bien arraigados en el corazón y con un Dios como centro del que habla con agradecimiento y convicción.

Es colombiana y aunque lleva 20 años fuera de su país natal, conserva ese amor por el vallenato sano, el tono de voz cantado y la alegría propia de sus paisanos. Hablar con Eneida, es hacerlo con la confianza de una amiga; ella muestra un corazón transparente donde abundan las ganas de superación. Lo abrió como tantas veces lo hace con sus clientes de seguros o desde su lugar de predicación ministerial.

Esta asesora financiera quiere que todos a su alrededor prosperen económicamente. Se enfoca en la comunidad hispana en los estados de Georgia, Texas y Florida, y también lleva adelante un programa llamado Té de Fe, el cual pretende transformarlo en libros y en un movimiento de amplio alcance para la mujer.

"A los Estados Unidos me trajo el sueño de niña de conocer este país. Dios me fue llevando primero a Europa, luego a Panamá y finalmente a este lugar. Me permitió hacer paradas para ir evaluando".

Las barreras de la emigración también fueron una tarea ardua de cumplir. "Fueron muchas, aunque no tantas como las expectativas que traía. Siempre habrá obstáculos, cualquiera que sea el país al cual llegues. Pero no pueden ser más fuertes que las ganas de salir adelante y a los sueños que traes. Una barrera fue el idioma y allí entendí a todas las personas recién llegadas. A veces es frustrante no poder comunicarse. El choque cultural también afecta porque vienes con unos hábitos, unas maneras, otro horario de trabajo, días libres. Y aquí se debe trabajar bastante para cubrir los compromisos económicos".

La necesidad te hace creativa

Eneida venía siendo asesora financiera desde Colombia y fue la misma necesidad la que le fue empujando a desarrollar actividades que ni ella misma imaginó. Dios la fue llevando, por las circunstancias, a descubrir talentos para llegar adonde soñaba.

En Colombia tuvo una compañía de importación de accesorios para mujeres, pero por decisiones equivocadas de su socio, quebró. Uno de mis clientes la invitó a trabajar con él y se fue a Nissan. "Era la primera vez que vendería autos y me fue bien en esa área de ventas. Pero por un error involuntario, perdí el trabajo.

Una amiga me llevó a Seguros Bolívar y empecé a aprender mucho sobre protección, y me gustó. Eso me llevó a Europa y luego a Panamá para trabajar con empresas internacionales. Así que me di cuenta de que Dios me fue capacitando hasta traerme hoy al lugar que ocupo. Lo he disfrutado mucho. Debemos tener buena actitud y expectativas hacia una vida mejor".

Cree que sí es posible combinar con éxito los roles de mamá, empresaria y mujer de fe. "En este momento de mi vida eso es posible. La Palabra dice que primero debemos buscar el Reino de Dios y su justicia y el resto vendrá por añadidura. También he aprendido a distribuir efectivamente el tiempo, pero ha sido progresivo porque no fue disciplina aprendida de mi infancia. Dios es primero, luego la familia, viene el trabajo y así sucesivamente. Él nos pide un balance para todo".

También asegura que si una mujer quiere destacarse profesionalmente en este país, debe implementar estrategias. "Si alguien quiere volar como las águilas, debe rodearse de águilas. Y eso aplica para cualquier país, no solo para los Estados Unidos. Rodéate de la gente correcta, esa que suma a tu vida, que te hace grande, te ayuda a crecer, te ofrecen apoyo y además te necesitan".

Un té para nutrir la fe

El proyecto Té de Fe llegó a su vida como todo lo que Dios le ha mandado. Desde el 2010 ha sido coleccionista de jarritas de té, bien fuera porque las compraba, las encontraba o se las regalaban. Y ya con una buena cantidad, se preguntó por qué tenía tantas.

"Así que fueron apareciendo ideas y una buena amiga con quien conversaba, me regaló la cita bíblica de Jeremías 18, donde aparece la parábola del alfarero. Y fue un mensaje revelador. Té de Fe no es solo un programa que se transmite por Facebook. Mi visión final es escribir los libros que han estado en mi corazón y que no solo serán basados en testimonios de vida, sino como un ministerio para edificar mujeres. Es un sueño que me mantiene ilusionada y lo veo claro porque viene de Dios".

Si Eneida pudiera tomarse un café con su pasado le pediría que le recordara su nombre, porque hay que olvidarlo si te amarra. A veces debe traer memorias a su vida para decir: Señor, de allá me has traído. Me tomaría ese café con el pasado solo para reconocer y recordar lo que Dios ha hecho en mi vida, no para amargarme ni culpar a los que estuvieron en el camino. Ni para anclarme.

Con la mirada puesta en el futuro

Me considero una mujer de negocios, pero uno de los retos al hablar de finanzas con las familias implica procurar un ambiente íntimo y de confianza. Meterme en lo interno de las familias no es fácil, por eso para vender un servicio de seguros hay que aplicar estrategias técnicas.

Pero Eneida deja fluir lo que hay en su corazón y hasta llega a involucrarse en asuntos que no tienen nada que ver con dinero, sino con restauración, conciliación y Dios en el hogar. Se ve implementando estrategias de negocios y ayudando a más personas. Le gusta que otros puedan surgir económicamente. Es mucho trabajo estimular a los hispanos a ahorrar, comprar una casa, emprender un negocio, tomar seguro de vida y más. De hecho hay gente que viene a los Estados Unidos y terminan más quebrados que cuando vivían en su país porque no se educan ni buscan a las personas correctas.

"Estoy haciendo ajustes en mi empresa para delegar, armando un equipo porque creo que no podemos estar solos en los proyectos. Me veo predicando la Palabra de Dios a tiempo completo, pero primero debo levantar una estructura con personas de mi confianza que puedan llevar mis planes a otro nivel. Actualmente también trabajo con el ministerio Casa de Pan".

A las mujeres les dice, como consejo en procura de su superación, que lo primero es agarrarse de Dios en todo tiempo y no solo como un número de emergencia; segundo superarse, no conformarse con lo que tienes y aprender más; y finalmente ser libres emocionalmente en Dios, porque de lo contrario no puedes avanzar. Ella se siente una Hispana Realizada, porque aunque tenga cosas y sueños por cumplir, siente un corazón pleno.

Siempre dirigida hacia la protección

En materia de negocios, a Eneida le gusta todo lo que sea proteger. "Para el año 1999 hubo una explosión del mercado inmobiliario y yo había logrado mi licencia de agente de bienes raíces. Pero estaba embarazada y decidí migrar a los Estados Unidos. En mi nuevo país quise sacar la misma licencia pero era muy costosa para mis posibilidades, así que opté por la de seguros que era más económica. Y así con otras".

Quisiera que haya más personas haciendo lo que ella hace, llegando al corazón de las personas con convencimiento y educación. Cuestionándoles, en el mejor sentido de la palabra, sobre qué pasaría si faltara la cabeza de la familia, si enfermara o tuviera un accidente. Para esta colombiana la inspiración para vivir cada día viene de Dios y eso la llena de una alegría genuina. Por eso mantiene como lema de vida: Vivir para servir.

ACERCA DE LA AUTORA

Marcela Arenas Reyes es empresaria, coach, entrenadora y reconocida conferencista internacional apasionada por el desarrollo de la mujer hispana en los Estados Unidos. Originaria de Colombia y residente en los Estados Unidos hace más de 29 años, Marcela es una constante buscadora de la excelencia que cree firmemente que "si puedes soñarlo, puedes lograrlo". Es la fundadora y presidenta de Hispana Realizada, un portal en línea dedicado a inspirar, empoderar y ofrecer el conocimiento y las herramientas necesarias para que las inmigrantes hispanas alcancen el éxito a través del desarrollo personal y profesional.

Su podcast "Inspiración Hispana" es el único podcast en español en los Estados Unidos que proporciona motivación, inspiración e ideas para crear una vida de felicidad, realización e independencia para las hispanas que quieren alcanzar su pleno potencial avanzando en su carrera o creando su propio negocio de manera exitosa.

Gracias a su vasta experiencia profesional como propietaria y consultora de negocios, Marcela ofrece capacitación grupal, cursos en línea, talleres, seminarios de liderazgo y recursos educativos diseñados para apoyar a las mujeres hispanas que trabajan para lograr sus sueños y metas principales.

Marcela tiene una maestría en administración de empresas con concentración en marketing y un título en comunicación social. Además, cuenta con una extensa lista de certificaciones, entre ellas, Especialista en Estrategias de Blue Ocean, Entrenadora y Coach Profesional, Estratega Certificada de Marca Social, Especialista en Desarrollo de Marca Personal e Identidad Online Traductora Certificada por la Asociación Americana de Traductores (ATA), e Instructora Internacional de Negocios para la Diversidad Cultural de London International House. Marcela vive con su familia en Atlanta, Georgia.